draußen
Spessart

Furniereichen-stämme
(Foto: Sperber)

TIPS

Wußten Sie . . .
Jahresringe 14

Entwicklungen
Wildschweine 20

Beobachtungen
Rosengallwespe 26
Zäune 62

Bemerkenswert
Gesteinsdünnschliffe 48

Stichwort
Polarisationsmikroskop 48
Pollendiagramm 52

Fototips
Sommerlandschaft 58
Brachen und Wegränder 90

INHALT

Übersichtskarte und Editorial 2

Trotz großer Probleme durch unsinnige Hege:
Ziemlich heile Waldwelt
6–21

Noch nicht restlos erforscht
Galläpfel: Wochenstuben für Larven
22–27

Tiere in Abhängigkeit zu ihrer Umwelt
Vom Regenwurm zur Schnepfe
28–39

Buntsandstein, Glimmer und Gneise
Gesteine voller Farbenpracht
40–49

Der hessische Nordspessart
Wie kamen Nadelbäume in den Laubwald?
50–59

Warum machen sich Rauhfußhühner so rar?
Die letzten Auerhühner im Nordspessart
60–65

Arbeitsaufwendig und heute selten
Feuchtbiotope und ›Kläranlagen‹ zugleich
66–77

Pflanzen und Tiere der Täler und Brachen
Von der Acker-Witwenblume zum Zilpzalp
78–91

Wandervorschläge Naturpark Spessart
Naturbeobachtungen vom Wege aus
92–97

Informationen für Naturfreunde 97
Register und Impressum 99
Erschienene und nächste Bände 99

Eichenveteranen
(Foto: Schmelzenbach)

Trotz großer Probleme durch unsinnige Hege:

ZIEMLICH HEILE WALD WELT

Achthundert Jahre alt und eineinhalb Meter dick sind die Traubeneichen. Sie verdanken ihr Dasein Kahlschlägen, auf deren Lichtungen sie keimen und wachsen konnten, ehe die Buche Schatten spendete. Viele Spechtarten, unter ihnen der seltene Mittelspecht, zimmern Höhlen in die alten Stämme. Prächtige Hirschkäfer erwecken mit dem hirschgeweihartigen Oberkiefer Bewunderung. Weniger Wohlgefallen erregen die Hirsche und Rehe, die große Schäden anrichten und deren Bestand zum Wohl des Waldes unbedingt geringgehalten werden müßte.

»Spehteshart«, so nennt ihn eine Urkunde aus dem 9. Jahrhundert. Spessart steht für unverfälschte Waldnatur mit uralten Eichen in schier endlos weiten Buchenbergen. Stets ist bei den gängigen Vorstellungen ein Hauch von Räuberromantik dabei – wenn auch mehr von der Art des Films eines Kurt Hoffmann als der schaurig, unheimlichen Erzählung Hauffs.

Neben dem anderen großen Buntsandsteingebirge, dem Pfälzerwald, ist dies Deutschlands größtes geschlossenes Waldgebiet. 1710 Quadratkilometer weit dehnt sich der Naturpark Spessart, die älteste Einrichtung dieser Art in Bayern. Und tatsächlich, das verbreitete Gefühl trügt nicht: Hier ist die Waldwelt noch vergleichsweise heil. Beim Versuch, den bundesdeutschen Wald zu bewerten, erhielt der Landkreis Main-Spessart die beste Zensur.

Von drei Seiten umgibt den Spessart das nach Norden offene Mainviereck, auch im Nordosten grenzt ihn ein Flußtal, das der Sinn, gegen die Rhön ab. Nur im Norden ist der Übergang zum hessischen Bergland ein allmählicher. Scharf unterscheidet sich der ›Hochspessart‹ mit seinen Buchen- und Traubeneichenwäldern vom nadelholzdüsteren ›Nordspessart‹. Wie so oft erklären sich die Unterschiede nicht aus den natürlichen Gegebenheiten, wie Klima, Geologie und Böden – sie sind weitgehend ähnlich. Der sehr verschiedene Verlauf der Nutzungsgeschichte durch den Menschen in den beiden Landschaftsteilen ist für die Trennung in ›Hoch-‹ und ›Nordspessart‹ verantwortlich.

Die Erzbischöfe und späteren Kurfürsten von Mainz hatten im Laufe der Zeit bestimmenden Einfluß erworben. Der Hochspessart war Jahrhunderte hindurch als ihr Hofjagdrevier reserviert. Man duldete lediglich einzelne Jagdfrondörfer, deren Bewohner das für die Feudaljagden benötigte Personal stellten und ansonsten mehr schlecht als recht unter den kärglichen Bedingungen ihr Leben fristeten. Pest, Landflucht und der Dreißigjährige Krieg leiteten eine Wüstungsperiode ein, in der ein Teil der Siedlungen noch aus der Zeit der früher im Spessart einflußreichen Grafen von Rieneck aufgegeben und vom Wald zurückerobert wurde.

Damals entstanden die alten Eichenwälder, die den Spessart bis heute weltberühmt machen. Von Natur aus war die Eiche in den kühlen, regenreichen höheren Spessartbergen selten. Sie ist dort der Konkurrenz der unverträglichen, schattenertragenden Buche nicht gewachsen.

Doch der Mensch hat seit jeher die für ihn nützlichere Eiche gegenüber der Buche gefördert. Als ›Mastbaum‹, der den Haustieren ebenso wie Hirsch und Wildschwein die stärkereichen Eicheln als Herbst- und Winterfutter lieferte, wurden die Eichen besonders hochgeschätzt. Während des Dreißigjährigen Krieges war ein Teil der Spessartbevölkerung in die schützenden Tiefen der Wälder geflohen und hatte hier für Viehweide und Ackerbau gelichtet und gerodet, wobei alle Eichen sorgfältig erhalten blieben. Als man diese Zufluchtsstätten wieder aufgab, kehrte der Wald zurück.

Von den Masteichen aus samte sich dieser lichtbedürftige und wärmeliebende Baum auf den verlassenen Lichtungen an. Besonders nützlich hatte sich damals wohl wie heute noch der Eichelhäher erwiesen, den Professor August Bier, der berühmte Berliner Arzt und kundige Waldfreund, zu den ›waldbildenden‹ Tierarten rechnete: Er sammelt und versteckt im Herbst massenweise Eicheln als Wintervorrat im Boden. Weil er nur die wenigsten davon wiederfindet, verbreitet er dadurch seine Hauptnahrungspflanze besonders wirkungsvoll. Der Forstmann spricht von der Waldverjüngung durch ›Hähersaat‹.

In den Wirren des großen Krie-

Rechts: Diese lagernden Furniereichen sind die Ernte nach einer 300jährigen Produktionszeit. Die wertvollsten Stämme wurden allerdings von den Käufern bereits im Winter zuvor abgefahren.
(Foto: Schmelzenbach)

waltigen Bauholzmengen habe man am Geyersberg, mit 585 Meter die höchste Erhebung im Spessart, geschlagen, und dadurch seien die offenen Flächen geschaffen worden, auf denen die lichtbedürftige Eiche in größeren Beständen aufwachsen konnte.

Wie immer es gewesen sein mag, hier im optimalen Verbreitungsgebiet der Rotbuche konnte sich die Eiche, der Baum, dem der Spessart seinen weltweiten Ruhm als Waldgebiet verdankt, bestandsweise nur behaupten, wo der Mensch ihr Freiflächen im Buchendunkel geschaffen hatte.

Links: Catch as catch can: Hirschkäfer gehen mit ihren Rivalen nicht gerade zart um. Die ›Geweihe‹ sind verlängerte Kiefer der Männchen, die keine ernsthafte Waffe darstellen. (Foto: Layer)
Unten: Dieser Eichenveteran im Naturschutzgebiet Rohrberg ist fünf- bis sechshundert Jahre alt. Der kurze, gedrungene Stamm und die weit ausladende Krone kennzeichnen ihn als Huteiche, die freistehend wuchs. (Foto: Bogon)

ges vermehrte sich das Großraubwild, vor allem die Wölfe, die den Rotwildbestand gering hielten. So konnten sich die jungen Eichen unbehelligt durch Wild- und Weideviehverbiß entwickeln. So zumindest versucht man sich zu erklären, wie im heutigen Forstamt Rohrbrunn, die monumentalen, über 300jährigen Alteichenbestände des ›Furniereichen-Heisterblockes‹ entstehen konnten.

Eine weitere Theorie geht davon aus, daß diese berühmtesten aller Eichen als Folge des Baus des gewaltigen Kurmainzer Schlosses in Aschaffenburg während der Jahre 1605/14 entstanden seien. Die hierfür benötigten ge-

Maikäfer

Es gibt sie noch, die Maikäfer. Nur nicht in jedem Jahr und nicht in allen Gegenden. Die im Herbst geschlüpften Jungkäfer kommen im Frühling in die oberen Bodenschichten des sich erwärmenden Bodens. Sobald die Lufttemperatur ungefähr 20 Grad Celsius beträgt, fliegen sie in der Dämmerung meist in Schwärmen aus und befallen verschiedenartige Laubbäume, unter denen sie, wie man sieht, Eichen bevorzugen. Meist schon in den ersten 24 Stunden ihres Ausfliegens findet die Begattung statt. Die begatteten Weibchen wühlen sich in lockeren, feuchten Boden ein, legen 10 bis 30 Eier in Haufen ab und sterben bald darauf. Nach vier bis sechs Wochen schlüpfen die Engerlinge, die feinste Würzelchen und Mulm fressen. Sie überwintern dicht unter der Frostschicht und fressen dort weiter. Bei uns verpuppen sich die Engerlinge meist im vierten Freßsommer in einer Höhle im Boden, die bis zu einen Meter tief liegen kann. Der nach vier bis sechs Wochen schlüpfende Käfer bleibt dort bis zum nächsten Frühling.
(Foto: Pfletschinger/Angermayer)

Heute noch können diese Eichen beim Betrachter ähnliche Gefühle wecken, wie sie Plinius, der weitgereiste Schriftsteller des antiken Rom, empfand, der die Eichen Germaniens für so alt wie die Erde selbst hielt und die ihm, unberührt von den Jahrhunderten, in ihrer Unsterblichkeit wunderbarer als alle Wunder dieser Welt dünkten.

Seit dem Bau der Autobahn Frankfurt–Würzburg ist Rohrbrunn, das Herzstück des Spessarts, überlaufen und zum Rummelplatz geworden. Früher war dieser traditionsreiche Forstmeistersitz mit dem Jagdschlößchen von Prinzregent Luitpold das wohl abgelegenste und zugleich auch bekannteste Forstamt in Deutschland.

Mitten durch die wertvollsten Laubwälder und unmittelbar an den ›heiligen Ländern‹ der hochwertigsten Furniereichenbestände vorbei baute man gegen den entschiedenen Widerstand der Staatsforstverwaltung diese Autobahntrasse. Und ausgerechnet das einsame Rohrbrunn wurde zur betriebsamen Raststätte, von der aus Besucher in die ehedem abgeschiedenen Waldtälchen strömen.

Da ist der Rohrberg, eindrucksvollster Zeuge eines früheren Hute- oder Eichenlichtwaldes. Bis zu 800 Jahre alt und bis zu eineinhalb Meter dick, gemessen in 1,3 Meter Höhe (›Brusthöhendurchmesser‹), sind dort die ehrfurchteinflößenden Traubeneichen. Bereits seit 1928 steht dieser älteste Spessarteichenbestand auf Betreiben der bayerischen Staatsforstverwaltung unter Naturschutz. Nur wenn der Sturm einen der betagten Eichenrecken zu Fall brachte, wurden die überaus wertvollen Furnierstammstücke genutzt. Alles übrige darf wachsen und vergehen, wie die Naturgesetze es bestimmen.

Beschleunigen das Altern der Eichen: konkurrenzstarke Buchen

Zum Problem wurde, daß man auch die beigemischten Buchen nun seit über 50 Jahren unbeeinflußt ließ. Jahrhundertelang hatte man die Buchen immer wieder abgehackt, ›auf den Stock gesetzt‹, wie die Forstleute sagen, um die Eichen vor dieser unduldsamen Konkurrenz zu schützen. Doch jetzt beschleunigen die nach oben drängenden Buchen das Altern und Sterben der Uralteichen, die der Mensch seit mehreren Jahrhunderten hegte.

Die Forstleute können sich mit Naturschützern und Ökologen nicht einigen: Sie möchten gerne den bedrängten Eichen helfen und so den derzeitigen Zustand möglichst lange konservieren. Die Ökologen hingegen sehen im Rohrberg ein einmaliges Beispiel dafür, wie ein anthropogen bedingter eichenreicher Wald der natürlichen Buchenwaldgesellschaft weichen muß.

Der Wiener Waldbauprofessor und Urwaldforscher Hannes Mayer hat in einem Gutachten einen gangbaren Weg aufgezeigt: Der ohnehin bereits von der Buche natürlich unterwanderte Teil dieses Reservates soll sich weiter unbeeinflußt entwickeln dürfen, im eichenreichen Südostteil sollen dagegen die bedrohten Alteichen von Buchen befreit werden.

Zugleich soll dieser Teil mit einem wilddichten Zaun geschützt werden, damit sich unter dem lichten Kronendach der vergreisten Alteichen natürlicher Nachwuchs von Jungeichen und -buchen einstellen kann. Wie in anderen deutschen Naturwaldreservaten auch schafft erst ein häßlicher Drahtzaun ›naturnahe‹ Verhältnisse in einer Waldlandschaft, in der die durch überzogene jagdliche Hege viel zu vielen Rehe und Hirsche den nachwachsenden Wald mit Stumpf und Stiel abbeißen!

Mit der Lebenskraft der altersschwachen Eichenveteranen im Rohrberg ist es nicht mehr weit her. Jede siebte der noch stehenden Alteichen ist bereits abgestorben, und zwei Drittel bis drei Viertel der stärkeren Eichenbäume sind rückgängig oder absterbend. Tote Starkäste in den mächtigen Kronen, sogenannte ›Hirschhörner‹, sind eindeutige Hinweise auf die schwindende Vitalität. Anders als die Buche, die, wenn sie erst einmal kränkelt, rasch, oft galoppierend, abstirbt, stirbt die zähe Eiche unendlich langsam – und aufrecht.

Sterbend werden Bäume im natürlichen Prozeß für die Waldlebensgemeinschaft besonders

Oben: In beträchtlicher Höhe haben Pirole ihr Nest an meist waagerechten Ästen kunstvoll aufgehängt. Drei bis fünf Junge ziehen sie darin zwei Wochen lang groß. Das leuchtend gefärbte Männchen ist unverkennbar, während das Weibchen gedecktere Farben zeigt.
(Foto: Limbrunner)

wertvoll, jeder auf seine Art. Das rasch zersetzbare Buchenholz wird von einer Unzahl verschiedenster Pilzarten besiedelt, deren oft dekorative Fruchtkörper nicht selten in Massen aus der Stammaußenseite hervorbrechen.

Die silbrig-grauen Konsolen des Echten Zunderschwammes fallen auch dem laienhaften Waldbesucher auf. Der Falsche Zunderschwamm mit seiner dickwandigen, rostbraunen Randschicht und den zimtroten Poren wächst hier bevorzugt an morschen Eichen. Auch die merkwürdige Ochsenzunge, der Leberpilz, der tatsächlich aussieht, wie er heißt, kommt hin und wieder an altersschwachen Eichstämmen und -strünken vor.

Anbrüchiges Eichenholz ist das Lebenssubstrat zahlreicher holzbewohnender Insekten, wie bei-

Oben: Eine neue Eichengeneration entsteht, nachdem 15 bis 20 Zentner Eicheln pro Hektar ausgesät wurden. Die frostempfindlichen Jungeichen schützt ein Schirm alter Bäume vor den Maifrösten. Die Schirmbuchen werfen Bucheckern ab, aus denen die unerläßliche Buchenbeimischung zum künftigen Eichenmischwald keimt.
(Foto: Schmelzenbach)

Links: Die tief beastete Krone einer Huteiche im Rohrberg wird von nachwachsenden jungen Buchen bedrängt.
(Foto: Horlebein)

spielsweise verschiedener Bockkäferarten. Der attraktivste Vertreter dieser robusten Käfersippschaft, der Große Eichenbock oder Heldbock, ist heute eine besonders rare Art. Fingerdick sind die im Querschnitt auffällig ovalen Fraßgänge seiner Larven im Eichenholz. Erst nach drei- bis vierjährigem gefräßigem Larvendasein verpuppen sie sich in einer ›Puppenwiege‹.

Die Wahrscheinlichkeit, einen Hirschkäfer — größter mitteleuropäischer Käfer überhaupt — im Mai bis Juli während der Schwärmzeit anzutreffen, ist noch eher gegeben. Diese riesigen, bis zu sieben Zentimeter großen Käfer, deren Männchen die imposanten geweihartigen Oberkiefer tragen, ernähren sich bescheiden von Baumsäften, die sie mit ihrer Zunge aus blutenden Baumwunden schlürfen. Sechs

können nur noch selten im Sandboden brachliegender, waldnaher Äcker ungestört ihre vier Jahre dauernde Entwicklung durchmachen.

Alte Laubwälder, denen man obendrein krankes und totes Holz läßt, sind ein Dorado für Spechte. Die größte Art, der fast krähengroße Schwarzspecht, bevorzugt eindeutig die glattschaftige Buche, um dort hoch oben, knapp unterhalb der grünen Krone, von einer Astnarbe aus seine geräumigen Wohnungen zu zimmern. Doch auch in den uralten Rohrbergeichen fehlt es nicht an Hohlräumen jeder Größenordnung für Wohnungsuchende. Meist von einer Astabbruchstelle ausgehend, zersetzen Pilze das altersschwache Eichenholz, wobei holzbewohnende Insektenlarven den Zerfallsprozeß beschleunigen. Spechte von sechs

Wußten Sie...
Jahresringe

Schon bei oberflächlicher Betrachtung eines Stubbens oder gefällten Stammes fallen am Querschnitt die verschieden starken Ringe auf. Sie werden Jahresringe genannt, und sie sind auch das Ergebnis jahreszeitlich bedingter Entwicklung des Baumes: Im Frühjahr beginnt eine unter dem Bast liegende, teilungsfähige Schicht, das Kambium, mit der Bildung weiter Gefäße, die für den Wassertransport notwendig sind. Der Durchmesser der später im Jahr gebildeten Wasserleitungsbahnen wird immer kleiner. Ab Herbst ruhen die Zellteilungen. Erst im Frühjahr des folgenden Jahres entstehen wieder weite Gefäße.

Der Übergang von den weiten Leitungsbahnen des Frühjahrs zu den engen des Hochsommers markiert sich als Ring. Da sich in jedem Jahr dasselbe abspielt, kann man aus der Anzahl der Jahresringe das Alter des Baumes bestimmen.

Die feinen Linien, die den Stammquerschnitt in Streifen von außen nach innen durchziehen, sind sogenannte Markstrahlen, die die Nährstoffverteilung und -speicherung besorgen.

Oben: Die Sicht auf den Ausschnitt eines Eichenstubbens läßt sehr gut die konzentrisch angeordneten dunklen Zonen erkennen, die Jahresringe genannt werden. Ihre Anzahl entspricht dem Alter des betreffenden Baumes.
(Foto: Kaiser)

Jahre dauert es, bis aus einem winzigen Ei über die verschiedenen Larvenstadien schließlich eine mehr als hühnereigroße Puppe wird, aus der dann der braunschwarz glänzende Käfer schlüpft. Die Larven leben im Mulm verwesender Eichen, die hier im Rohrberg-Schutzgebiet häufig sind.

Der bekannteste aller Käfer, der Maikäfer, ist auch im Spessart heute eine Rarität. Nur selten noch, zur Freude nicht nur der Kinder, schwärmen im Frühjahr die braunen Brummer. Ihre Larven, die früher als Forstschädlinge gefürchteten Engerlinge,

verschiedenen Arten durchlöchern auf der Suche nach fetten Bockkäferlarven und ähnlicher Nahrung das anbrüchige Holz.

So entstehen im Laufe von Jahrzehnten Löcher, Höhlen, Mulden, ja Abgründe im Inneren der aufrecht stehend bei lebendigem Leib zerfallenden Eichengreise. Hier findet der Waldkauz, größte einheimische Eule neben dem Uhu, ebenso ein sicheres Tagesversteck wie eine geräumige Wochenstube, um im zeitigen Frühjahr seine putzigen Jungen großzuziehen.

Auch der Baummarder ist hier

zu Hause. Die Bilche Garten- und Siebenschläfer, Gelbhals- und Waldmaus treiben ihr lichtscheues Wesen. Waldbewohnende Fledermäuse verbringen hier den Sommer, und ihre Weibchen haben dort ihre Wochenstuben. Höhlen in besonders dicken Alt-Eichen können so frostsicher, wärmeisoliert und gleichmäßig feucht sein, daß sogar eine Fledermausart, der Große Abendsegler, sie zum Winterquartier wählt. Immer wieder trifft man in hohlen Eichen wilde Bienenschwärme an, deren kunstvolle Waben weite Hohlräume ausfüllen.

Häufigster Specht auch im eichenreichen Hochspessart ist der Buntspecht. Gern legt er seine Höhle genau unterhalb der Fruchtkörper holzzersetzender Pilze an; Vogelfotografen wissen solche dekorativen Bildmotive zu nutzen.

Im Spessart häufig, doch sonst sehr selten: der Mittelspecht

Ganz eng an das Vorkommen der Eichen ist der Mittelspecht gebunden. In den eichenreichen ehemaligen Mittelwäldern um Würzburg und in den fränkischen Maingauen kommt er noch recht häufig vor, während diese Art bundesweit in ihrem Fortbestand als ›stark gefährdet‹ eingeschätzt wird. In den hochgelegenen, klimatisch rauhen Eichenwäldern des Spessarts trifft man ihn allerdings nur gelegentlich an. Genaueres wissen wir über seine tatsächliche Verbreitung nicht, da der Spessart ornithologisch bisher nur unzulänglich bearbeitet wurde.

Vom häufigen Buntspecht ist der Mittelspecht so zu unterscheiden: Beide Geschlechter haben einen breiten roten Scheitel, während beim Buntspecht lediglich das Männchen ein schmales rotes Nackenband aufweist. Junge Buntspechte allerdings – und das erschwert das Bestimmen im Sommer und Frühherbst – haben im Jugendkleid ebenfalls eine rote Kappe. Doch wem fallen diese Feinheiten schon auf bei Vögeln, die im Gewirr ausladender Eichenkronen ihrem Nahrungserwerb nachgehen? Im Frühjahr jedoch ist der Mittelspecht nicht zu verkennen, wenn er weithin vernehmbar kläglich quäkend ›ääk-ääk-ääk‹ schreit, der Buntspecht hingegen seine Balzgefühle durch wirbelndes Trommeln auf dürren Ästen ausdrückt.

Der kleinste heimische Specht, der nur sperlingsgroße Kleinspecht, macht sich in dieser Zeit ebenfalls durch sein Rufen bemerkbar: Wie beim Turmfalken oder auch beim Wendehals klingen seine ›Kikiki‹-Rufreihen. Mehr im Auwald und in großen Parks zu Hause, findet er sich als seltener Brutvogel auch im geschlossenen Wald in alten Eichenmischwäldern. Er hält sich im Kronenbereich auf, wo er abgestorbene, morsche Äste bearbeitet.

Kohlmeise, Blaumeise und Klei-

Oben: Immerhin 38 Zentimeter groß wird der Waldkauz, der gern in hohlen Bäumen nistet, gelegentlich aber auch mit alten Gebäuden und Kaninchenbauen vorliebnimmt.
(Foto: Dittrich)
Links: Dunkle Fichten- und Kiefernforste bestimmen den Landschaftscharakter des Nordspessarts.
(Foto: Schmelzenbach)

Schmetterlingsporling

Wie die meisten Porlings-Pilze überzieht auch der Schmetterlingsporling tote Stümpfe vor allem von Laubbäumen wie ein eleganter Volant. Im Jugendstadium ist der Schmetterlingsporling weiß und gelblich gesäumt. Wenn er älter wird, wechseln blaue, graue, braune und gelbliche Farben, in Kreisen angeordnet. Sein Fruchtfleisch ist zähfaserig und weiß. Es hat Pilzgeruch und -geschmack, ist aber ungenießbar.
Aufgabe aller Porlinge ist es, das Holz zu zersetzen und dadurch mitzuhelfen, die darin gebundenen Nährstoffe für spätere Baumgenerationen wieder aufnehmbar zu machen.
(Foto: Sperber)

Rechts: Der Kleinspecht ist mit etwa vierzehn Zentimeter Länge der kleinste europäische Specht. Er lebt unauffällig und versteckt im Kronenbereich der Bäume.
(Foto: Brandl)

ber, dazu der elegant schwarzweiße Trauerschnäpper sind die häufigsten Benutzer leerstehender Spechthöhlen im Spessart. Dabei bevorzugen sie die Höhlen des Buntspechts. Nur dem Kleiber macht es nichts aus, wenn die Höhlenöffnungen nicht ganz seine ›Kragenweite‹ haben. Die weiten ovalen Öffnungen von Schwarzspechthöhlen verklebt er mit feuchtem Lehm so weit, bis nur noch er hineinschlüpfen kann. Mit dieser Technik sperrt er selbst große und kräftige Mitbewerber wie die Dohle um die begehrten Schwarzspechthöhlen erfolgreich aus.

Bescheiden sind die Wohnansprüche der unauffälligen Baumläufer. Wo an alten Eichen die abgestorbene grobe Borke nur zwei Zentimeter breit vom Stamm absteht, da huschen diese kleinen Vögelchen in den Spalt und bauen mit einer Handvoll sperriger Reiser ihren kunstlosen Zweckbau. Im Spessartinneren findet man den Waldbaumläufer; seine Zwillingsart, der Gartenbaumläufer, bevorzugt mehr Waldrandlagen. Unterscheiden kann man diese so ähnlich aussehenden Arten ohne weiteres an dem ganz unterschiedlichen Gesang — vorausgesetzt, daß einem Vogelgesänge geläufig sind.

Nicht weit vom Eichen-Naturschutzgebiet Rohrberg ist das berühmteste Furniereichenvorkommen der Welt zu bewundern. Die mutmaßlichen Umstände, unter denen dieser heute 350jährige ›Rohrbrunner Heisterblock‹ wohl während des Dreißigjährigen Krieges entstanden ist, haben wir bereits geschildert. In Trupps und Gruppen geschart, stehen die 30, maximal 40 Meter hohen Elitebäume in einer Umgebung aus unter- und zwischenständigen jüngeren Rotbuchen.

Schnurgerade und astrein, bis zur hochangesetzten Krone hin, sind die 50 bis 70 Zentimeter dicken Furnierstämme. Nur knapp einen Millimeter dünn sind die Jahrringe; das ergibt bei der Eiche ein ungemein zartes, mildes Holz. Alljährlich werden diese kostbaren Bäume von kundigen Forstleuten durchgemustert, um rechtzeitig diejenigen zu ›ernten‹, die Anzeichen nachlassender Vitalität erkennen lassen.

Doch erst nach dem Fällen und Zerlegen ergeben sich Einblicke in den tatsächlichen Zustand. Oft ist die Enttäuschung herb: Durchschnittlich ist rund ein Drittel des Holzes bereits angefault. Und trotzdem muß die Forstverwaltung mit diesem einmaligen Schatz haushälterisch umgehen. Würde sie zuviel auf einmal nutzen, wäre die gleichmäßige Versorgung des Furniermarktes mit einheimischem Eichenholz gefährdet.

Zwar wird bereits seit 200 Jahren im Spessart eine gezielte Eichenwirtschaft betrieben. Doch zwischen den 350jährigen Furnierstämmen aus dem ›Heisterblock‹ und den aus regulärer Forstwirtschaft nachwachsenden Eichen klafft eine Lücke, die nur dadurch überbrückt werden kann, daß man das Zufallsgeschenk aus dem Dreißigjährigen Krieg noch einige Jahrzehnte lang nutzt.

›Reiches‹ Forstamt: Eichen aus Rohrbrunn sind teuer zu bezahlen

1000 DM werden im Durchschnitt für den Festmeter Furnier- und Teilfurnierholz erzielt. Spitzenerlöse klettern bei den Versteigerungen bis zu 15 000 DM pro Festmeter und 65 000 DM pro Stamm! So nimmt es nicht wunder, daß das Forstamt Rohrbrunn regelmäßig die besten Betriebsergebnisse aller bayerischen Staatsforstbetriebe aufweisen kann.

Eichen werden in Unterfranken nicht nur genutzt, sondern im großen Stil nachgezogen. Allein im Hochspessart wurden in den letzten 15 Jahren an die 1500 Hektar Eichenkulturen neu begründet. Das Verfahren ist vergleichsweise einfach: 15 Zentner Eicheln werden von Hand, seit einigen Jahren vorwiegend maschinell, unter dem Schirm des alten Waldbestandes ausgesät.

Der schützende Mutterbestand wird innerhalb weniger Jahre kahl abgetrieben, aus Sorge, die jungen Eichen könnten an Lichtmangel leiden.

Dabei nimmt man in Kauf, daß die als pflegliche Mischbaumart unverzichtbare Rotbuche diese robuste Kahlschlägerei nicht überlebt; sie erfriert oder verdorrt unter den brutalen Klimabedingungen der Kahlfläche. Die Buchen müssen dann später unter den Eichenbestand gepflanzt werden. Der Verbiß der allzu vielen Rehe und Hirsche verhindert jedoch meist das Hochkommen.

Der Hochspessart war Jahrhunderte hindurch das Hofjagdrevier von Kurmainz. Fürstbischöflicher Jagdfeudalismus bewahrte diesem Gebiet den ursprünglichen Laubwaldcharakter. Anders als im Nordspessart hatten hier jagdliche Rücksichtnahmen eine dichte Besiedlung mit waldverderblichen Gewerben wie der Glasmacherei unterbunden.

Andererseits war auch der Rotwildbestand wohl nicht so überhegt wie in residenznahen Hofjagdrevieren, wo die Überzahl an Hirschen die Wälder ruinierte. Mainz war weit, und selbst vom Prunkschloß Johannisburg in Aschaffenburg aus war es eine beschwerliche Anreise durch den unwegsamen Spessart zum Jagdschloß in Rothenbuch, dem Ausgangspunkt der Jagden. So konnten sich die Buchenwälder erhalten, und die ursprünglich raren Eichen wurden als ›Mastbäume‹ für Sau und Hirsch gehegt und gepflegt. Anders als in den meisten deutschen Waldgebieten hat der Hochspessart das wälderverwüstende 18. Jahrhundert glimpflich überstanden.

Als das Untermaingebiet 1814,

später als die übrigen fränkischen Territorien, an die Krone Bayerns fiel, wurde der Hochspessart zum königlichen Hofjagdgebiet der Wittelsbacher. Den königlichen Prinzen, die nur gelegentlich in diesen von der Residenz in München so fernen Landesteil kamen, war die Jagd vorbehalten.

Zugleich bemühte man sich energisch um die forstliche Bewirtschaftung der riesigen Wäl-

Oben: An den hohen Stämmen erscheint selbst der große Buntspecht winzig und verloren unter den ›Markisen‹ der Porling-Pilze.
(Foto: Wothe)
Links: Der Mittelspecht hat wie der junge Buntspecht eine rote Kappe, die allerdings nicht schwarz gesäumt ist.
(Foto: Brandl)

der. Die Laubwaldwirtschaft im Spessart und im geologisch ähnlichen Pfälzerwald, der damals ja auch bayerisch regiert wurde, gaben der Forstwirtschaft des 19. Jahrhunderts ganz wesentliche Impulse. Intensive Forstwirtschaft in einem Hofjagdrevier, das mußte zu Interessenkonflikten führen! Um so mehr, als man dazu überging, das Herzstück des Hochspessarts als Jagdgatter einzuzäunen.

Jagdgatter waren nach der Revolution 1848 in Hochadelskreisen in Mode gekommen. Die Revolution hatte jahrhundertelang beanspruchte Jagdvorrechte des Adels beseitigt und Bauern und Bürgern das Jagen ermöglicht.

Oben: Wie auf einen Spieß gesteckt hält der Trauerschnäpper seine Insektenbeute im Schnabel.
(Foto: Hofmann)
Rechts: Der Waldbaumläufer füttert mit seinem schlanken, gebogenen Schnabel die Jungen.
(Foto: Layer)

Unter der neu entfachten Jagdlust drohten die Hochwildarten Hirsch und Sau ausgerottet zu werden. Großgatter erleichterten nun Hege und Bejagung dieser Wildarten. Schäden auf der Feldflur waren ausgeschlossen und zudem der eiserne Bestand an edlen Hirschen und urigen Sauen für jägerfreundlichere Zeiten gesichert.

Als sich nach 1945 das Schwarzwild massenhaft vermehrte, breitete sich auch das Rotwild aus. Die Folgen für den Wald waren schlimm: Die 20- bis 30jährigen Buchen- und Fichtenbestände wurden in katastrophalem Ausmaß beschädigt. Rotwild nagt im Winter und Sommer die nährstoffreiche Rinde dieser Bäume ab. Durch die Schälwunden dringen Fäulnispilze ein, die das Holz zerstören.

Kräftiges Bejagen besserte die Verhältnisse bis zum Jahr 1962. Dann ließen die Spessartförster mit ihren Abschußbemühungen auffällig nach, und es kam rasch wieder zu Hirschvermehrung und üblen Schälschäden. Nun wurde sogar zum erstenmal in der Spessartgeschichte die Rinde der jungen Eichenstämmchen geschält. Darauf setzte man die Abschußrate kräftig hinauf, bis sie im Jahre 1978 eine neue Rekordhöhe erklomm.

Seither gehen die Streckenzahlen zurück, und die Schäden nehmen entsprechend zu. Ein ständiges Hin und Her seit nahezu 200 Jahren zwischen einseitigen Jagdinteressen und den Lebensnotwendigkeiten des nachwachsenden Waldes! Nur: der Hirschbestand wird immer stärker, und die Schäden werden schlimmer. Zustände, wie sie zur Zeit des adligen Jagdfeudalis-

Entwicklungen
Wildschweine

Nachdem man in Bayern die Wildschweine in Großgattern hielt, überlebte das Schwarzwild in freier Wildbahn bis 1918 nur mit wenigen Exemplaren im ›Orber Reisig‹. Erst als 1945 das Rohrbrunner Wildgatter zerstört wurde, vermehrten sich die entwichenen Wildschweine zunächst im Spessart, dann über ganz Bayern in kaum glaublicher Geschwindigkeit. Binnen weniger Jahre wurden die Sauen zur Landplage. Erst als 1952 die Besatzungsmächte den Deutschen die Jagdhoheit zurückgegeben haben, wurde der Bestand reduziert. Trotzdem werden heute in der Bundesrepublik jährlich 30000 bis 60000 Wildschweine erlegt gegenüber nur 10000 Stück in den Jahren 1936/39.

mus in Jagdgehegen üblich waren, sind inzwischen in ausgedehnten Waldgebieten typisch für die freie Wildbahn. Heute weisen allein im Forstamt Rohrbrunn zwei Drittel aller 20- bis 80jährigen Buchen Schälschäden durch Hirschwild auf!

Als das Rohrbrunner Jagdgatter aufgelassen worden war und Sau und Hirsch sich ungeahnt vermehrten, mußte man in den ersten Nachkriegsjahren um die Ortsfluren der Spessartdörfer hohe Zäune bauen, um Kartoffeln und Getreide vor den hungrigen Wildmassen zu retten. Hatte man bisher Sau und Hirsch eingegattert, um sie vor übermäßiger Verfolgung und Ausrottung zu schützen, mußte man jetzt die menschlichen Siedlungen einzäunen.

Heute ist eine andere Art von Gatter im Spessart unumgänglich: der Kulturzaun, der den nachwachsenden Wald vor dem Verbiß durch Hirsch und Reh

schützt. Eichenverjüngungen müssen seit eh und je eingezäunt werden. Zunächst brauchen die gesäten Eicheln den Schutz vor den Wildschweinrotten, dann die Jungpflanzen mit ihren schmackhaften Knospen, Trieben und Blättern vor den geschleckigen Äsern der Rehe und Hirsche. Mischwald ist seit Jahren schon ohne Zaun nicht mehr großzubringen. Selbst öde Fichtenpflanzungen müssen so lange mit chemischen Abwehrmitteln angeschmiert werden, bis sie mit ihrem empfindlichen Gipfeltrieb aus der Reichweite der Hirsche sind. Das dauert einige Jahre. Doch kaum ist der Jungwald der Gefahr des Verbissenwerdens entwachsen, da macht sich das Rotwild über die Rinde her. Und so bindet der unverdrossene Forstmann um die bedrohten Rindenpartien häßliche Schutznetze aus Plastik oder auch grüne Fichtenzweige. Jungeichen werden mit chemischen Pasten präpariert. ›Forstlicher Krankenhausbetrieb‹ bezeichnete der Journalist Horst Stern diese von einer unsinnigen jagdlichen Überhege diktierte Art der Forstwirtschaft.

Die einzig vernünftige Lösung: Hirsch und Reh durch energischeres Bejagen auf ein walderträglicheres Maß zu vermindern. Doch sie scheitert seit Jahrzehnten an mangelnder Vernunft und Einsicht bei der Mehrheit der Jägerei und ihrer Funktionäre.

Oben: Diese Buche im Naturschutzgebiet Rohrberg ist durch eine eberkopfartige Wucherung unverkennbar.
(Foto: Schmelzenbach)
Links: Das Grauspecht-Männchen füttert sein Junges. Es unterscheidet sich vom Grünspecht durch den grauen Kopf mit schmalem Bartstreifen. Zudem ist nur die Stirn und nicht der Schnabel rot.
(Foto: Layer)

**Eichenblatt mit Gall-
apfel und Münzen-
gallen**
(Foto: Pfletschinger/
Angermayer)

Noch nicht restlos erforscht
GALLÄPFEL: WOCHENSTUBEN FÜR LARVEN

Eichengalläpfel, Schwammgallen, Schlapphutgallen und Münzengallen: Sie alle sind an Eichen zu finden und bieten Wohnung und Nahrung für die Larven verschiedener Gallmücken, Gallwespen und Galläuse. Wir kennen die Erreger und die Bewohner, und wir wissen auch schon viel über das Zusammenwirken von Aminosäuren und Wuchsstoffen, mit deren Hilfe die Wucherungen hervorgerufen werden. Doch ohne die ständige Arbeit der Larve gelingt die naturgetreue Nachbildung nicht.

Welchem aufmerksamen Beobachter wären schon die Galläpfel entgangen, die als rotbackige Gebilde auf der Unterseite von Eichenblättern sitzen? Es wird wohl keiner auf die Idee kommen, sie als Äpfel verspeisen zu wollen, doch wäre der Versuch lehrreich: Sie sind im wahrsten Sinne des Wortes gallenbitter.

Früher haben heimische und vor allem orientalische Galläpfel eine wichtige Rolle bei der Herstellung von Stoffarben und der Eisengallustinte gepielt. Heute sind sie längst abgelöst durch synthetische Farbstoffe.

Außer den allbekannten Galläpfeln an Eichen sind noch viele andere Gallbildungen im Pflanzenreich zu finden. Allein an Eichen kennt man rund 200 solcher Wucherungen. Nimmt man alle derartigen Bildungen an einheimischen Pflanzen hinzu, kommt man leicht auf mehrere tausend. Ein wahrhaft weites Feld und ideales Sammelgebiet. Doch ist Vorsicht geboten, dies kann zu einer lebenslangen Leidenschaft werden – wie das Briefmarkensammeln –, nur interessanter.

Von diesem Grenzgebiet zwischen Zoologie und Botanik haben höchst wichtige Fragen der Biologie, die teilweise auch heute noch ungeklärt sind, ihren Ausgang genommen.

Man hat natürlich frühzeitig versucht, Ordnung in die scheinbar verwirrende Vielfalt der Gallbildungen zu bringen. Der Sammler findet erste Hilfe in übersichtlich angelegten Büchern. Wenn der Name der gallbildenden Pflanze ermittelt ist, kommt man meistens ohne Schwierigkeit zu dem Gallenerzeuger. Spätestens hier muß man sich aber klarwerden, aus welchen Pflanzenteilen diese Bildungen hervorgegangen sind. Man spricht dann zum Beispiel von Blatt-, Blüten-, Knospen- oder Wurzelgallen.

Wer Gallen sammeln möchte, findet sie am ehesten an Waldrändern, Hecken, Bahndämmen und dergleichen. Die Gallinsekten lieben Wärme und meiden dem Wind ausgesetzte Plätze. Kümmernde oder kränkelnde Pflanzen werden besonders gern heimgesucht.

Die Gallen finden sich hauptsächlich an Blütenpflanzen. Nur wenige kommen an Nadelhölzern vor, und verschwindend gering ist die Beteiligung der Farne. Die meisten Gallen werden von Gallinsekten, und zwar deren Larven, verursacht. Sie sind also deren Kinderstuben. Den Löwenanteil stellen aber nicht die Gallwespen, sondern die Gallmücken und die Blattläuse, erst dann folgen die Gallwespen mit ihren spektakulären Produkten.

Es kommen noch Käfer, Fliegen und Schmetterlinge hinzu. Eine nicht geringe Zahl wird von Milben verursacht, und schließlich darf man als gefürchtete Schädlinge die Fadenwürmer nicht vergessen. Von großer Bedeutung für die biochemischen Zusammenhänge ist die Tatsache, daß auch Pilze und Bakterien Gallen erzeugen können. Sollte es gemeinsame Ursachen bei der Entstehung geben?

Gallen bieten Wochenstuben mit Verpflegung

Die Gallen können einkammerig sein wie der rotbackige, gewöhnliche Gallapfel. Es gibt aber auch mehrkammerige. Wir kennen sie bei der Schwammgalle der Eiche und im Rosenschlafapfel. Die von den Larven erzeugten Wucherungen sind anfangs weich und saftig. Nährstoffe stehen den Larven dann reichlich zur Verfügung. Viele Gallbildungen verholzen später und lassen sich deshalb nur schwer öffnen, wie beispielsweise der Schlafapfel der Rose.

Von diesen hochkomplizierten Bildungen gibt es aber alle möglichen Übergänge zu einfacheren Formen: von flacheren schüsselförmigen bis zu tieferen, sogenannten Beutelgallen. Sie sind meistens von Blattläusen verursacht. Ananasgallen an der Fichte stammen ebenfalls von Blattläusen. Sie saugen an der Basis der Nadeln, die anschwellen und sich zusammenschließen. In den

Oben: Die Eichengallwespe sticht mit ihrem Stachel am Hinterleib die Ader eines Eichenblattes an, um anschließend ein Ei hineinzulegen.
(Zeichnung: Zabanski)
Rechts: Diese Schwammgallen, die auch Kartoffelgallen genannt werden, entstehen meist an Endknospen. Sie bestehen aus mehreren Kammern, in denen die Larven leben und sich verpuppen. Im Sommer schlüpfen aus ihnen geflügelte Männchen und Weibchen. Nach der Begattung legen die Weibchen Eier an die Eichenwurzeln.
(Foto: Kaiser)

Hohlräumen findet die heranwachsende Brut Schutz.

Da sich die Entwicklung der Gallinsekten normalerweise im Inneren der Gallen vollzieht, bleibt sie dem Betrachter verborgen. Selbst die Eiablage des Muttertiers, mit der ja der ganze Zyklus beginnt, wird man kaum beobachten können. Wer über die Vorgänge im Innern der Galle etwas erfahren möchte, muß von Zeit zu Zeit einige öffnen, um sich von dem Fortschritt der Entwicklung zu überzeugen.

Gewöhnlich bleibt die Larve während des ganzen Sommers und des folgenden Winters in ihrer Galle. Erst im nächsten Frühjahr erfolgen die Verpuppung und die Entwicklung zum fertigen Insekt, das aus der Galle herausklettert. Es kommt zur Begattung, und mit der Eiablage beginnt der Zyklus von neuem. So spielt es sich zum Beispiel bei der Rosengallwespe ab, die die bekannten Schlafäpfel an Heckenrosen erzeugt.

Es gibt aber eine ganze Anzahl von Gallwespen, deren Entwicklungszyklus viel komplizierter ist. Ein und dieselbe Art erzeugt unterschiedlich geformte Gallen an verschiedenen Pflanzenteilen. Und das in regelmäßigem Wechsel: Mal sind es die Knospe und Blattunterseite oder die Knospe und Wurzel wie bei der Schwammgalle. In der Knospengalle entwickeln sich beispielsweise geflügelte Männchen oder Weibchen, während in der Wurzelgalle nur ungeflügelte Weibchen sind. Man spricht hier von einem Generationswechsel, wobei sich die eine Generation zweigeschlechtlich und die andere durch Jungfernzeugung vermehrt.

Betrachten wir die Entwicklung der Schwammgalle genauer: Im sehr zeitigen Frühjahr kriecht ein flügelloses, ameisenähnliches Weibchen aus dem Boden an den Eichen empor, sticht meist in eine Endknospe und legt dabei unbefruchtete Eier ab. Aus ihnen entwickeln sich die Larven, die eine mehrkammerige sogenannte Schwammgalle erzeugen, in der sie sich verpuppen. Im Sommer verlassen dann geflügelte Männchen und kleinere Weibchen die Galle. Nach

Oben: Eine Eichengallwespe arbeitet sich aus dem Gallapfel heraus.
(Foto: Pfletschinger/Angermayer)

Ganz links: In hinfälligen Blütengallen der Eichenkätzchen reifen Gallwespen heran, die später tellerförmige Gallen an der Unterseite von Eichenblättern verursachen.
(Foto: Kaiser)

Links: Diese Gallen an der Eichenwurzel wurden von den weiblichen Nachkommen aus den Schwammgallen (Seite 24) erzeugt.
(Foto: Kaiser)

der Begattung gehen die Weibchen in die Erde und legen ihre Eier in Eichenwurzeln ab.

Die Larven entwickeln sich in ebenfalls mehrkammerigen Wurzelgallen, die allerdings nicht so schwammig, sondern hart sind. Sie überwintern und ›übersommern‹ in der Galle. Erst im Winter darauf schlüpfen ›große‹, flügellose Weibchen, die noch im Spätwinter die Knospen der Eichen anstechen und unbefruchtete Eier legen. Daraus entwickelt sich wieder eine Schwammgalle, die bis zu vier Zentimeter im Durchmesser erreichen kann.

Auch die den Eichengallapfel erzeugende Gallwespe hat eine komplizierte Entwicklung. In dem rotbackigen, knackigen Gallapfel entwickelt sich jeweils nur eine Larve, die sich im Herbst verpuppt. Daraus schlüpft noch im Winter ein großes geflügeltes Weibchen, nachdem es sich einen Gang bis zur Gallenoberfläche gefressen hat. Es verläßt den Gallapfel und legt jeweils ein unbefruchtetes Ei an noch schlafende Knospen. Eine unauffällige Knospengalle entwickelt sich, aus der im Mai bis Juni die kleineren Männchen oder Weibchen kommen. Nach der Begattung erfolgt die Eiablage ganz gezielt in die Blattnerven der Blattunterseite. Mit der Larvenentwicklung geht dann die Bildung des bekannten Gallapfels einher.

Man kann sich vorstellen, daß es nicht leicht war, diese komplizierten Verwandtschaftsverhältnisse zu ordnen. Und so verwundert es nicht, wenn in älteren Büchern die Generation, die eine Knospengalle erzeugt, einer anderen Art zugeordnet wurde als das Insekt, das die schöne Blattgalle hervorruft.

Trotz enormer Vermehrungsfähigkeit durch die zwischengeschaltete Jungfernzeugung sind die Schäden, die Gallinsekten anrichten, meistens gering. Anders verhält es sich, wenn sie in Monokulturen, wie Weinbergen, die Reben befallen. Dort fanden die Rebläuse beste Lebensbedingungen.

Auch bei ihnen gibt es einen Generationswechsel zwischen einer Generation, die an den Blättern Gallen erzeugt, und einer, die Schwellungen an den Wurzeln bewirkt. Erst durch die Verwendung reblausresistenter Unterlagen wurde der Entwicklungszyklus der Reblaus unterbrochen, und sie spielt als Schädling heute keine Rolle mehr. Diese Tatsache erhellt auch, wie unabdingbar der Generationswechsel zwischen den Wurzel- und Blattrebläusen ist.

Beobachtungen
Rosengallwespe

Wer sich einen Eindruck vom Leben der Gallwespen verschaffen möchte, kann erste Erfahrungen an der Rosengallwespe sammeln. Dazu ist es notwendig, einige Schlafäpfel aus dem Buschwerk von Heckenrosen zu bergen und sie zusammen mit etwas feuchtem Moos in verschließbare Gläser zu bringen. Das kann mitten im Winter geschehen. Die Erzeuger der Gallen finden sich während dieser Zeit noch im Larvenzustand. Bei Zimmertemperatur gehen sie nach zwei bis drei Wochen in das Puppenstadium über. Nach weiteren 14 Tagen verlassen dann die geschlüpften Gallwespen ihre Behausung und sammeln sich an der Lichtseite des Behälters. Außer den Rosengallwespen treten stets Parasiten der Gallwespe und harmlose ›Untermieter‹ auf.

Oben: Die Zipfelgallen auf den Buchenblättern werden durch Larven der Gallmücken hervorgerufen.
(Foto: Bünnecke)
Rechts: Die krausen Gallbildungen an der Heckenrose werden als ›Schlafäpfel‹ bezeichnet.
(Foto: Kaiser)

Nur selten erzeugt schon der Stich eines Gallinsekts eine Anschwellung. Im allgemeinen beginnt die Gallbildung erst mit dem Ausschlüpfen der Larve aus dem Ei. Stirbt sie ab, so unterbleibt die Gallbildung. Die Larven müssen also Stoffe abscheiden, die pflanzliche Gewebe zu den charakteristischen Wucherungen anregen. Besonders junge Pflanzenteile sind dafür empfänglich.

Die Gallenerreger wissen solche Gewebe mit großer Sicherheit zu finden. So können sich Galläpfel auf dem Eichenblatt nur entwickeln, wenn die Gallwespe bei der Eiablage die Adern des Blattes getroffen hat. Der Blattfläche dazwischen ist es nicht möglich, eine Galle zu erzeugen. Gelegentlich findet man solche Fehlbildungen, die unauffällig bleiben.

Wie bringt die Gallwespe die Eiche dazu, die bekannten knackigen Galläpfel zu bilden? Bedeutenden Auftrieb erhielt die Gallenforschung mit der Entdeckung der Wuchshormone der Pflanzen, die von bestimmten Geweben produziert und an die im Wachstum befindlichen Stellen transportiert werden. Sollten hier solche oder ähnliche Stoffe im Spiel sein, die die Gallbildung verursachen?

Tatsächlich ließen sich durch eine Paste, die aus den bekannten Hütchengallen der Buchenblätter gewonnen worden war, Wucherungen erzeugen. Doch gelang es nicht annähernd, so formvollendete Gallen zu erzeugen, wie es die Gallinsekten selber fertigbringen. Es bedarf der dauernden Tätigkeit der Larve im Innern der Gewebe. In den meisten Fällen ist noch unbekannt, wo sich solche Stoffe entwickeln. Im Speichel von Rebläusen fand man Aminosäuren, die eine gallbildende Wirkung haben. Verstärkt trat die gallbildende Wirkung auf, wenn den Aminosäuregemischen noch Wuchsstoffe zugesetzt wurden.

Kannte man zu Anfang dieser Forschungen nur einen, höchstens zwei Wuchsstoffe bei den Pflanzen, so weiß man heute, daß es viele sind, die in gegenseitiger Abhängigkeit stehen. Im Hinblick auf die Gallinsekten muß man deshalb wohl auch die Vorstellung aufgeben, daß sie nur über einen Stoff verfügen, der ihnen die vielfältigen Leistungen ermöglicht. Wahrscheinlich arbeiten sie nach ›Patentrezepten‹, deren Zusammensetzung noch unklar ist.

Unklar ist auch, wie es zu ganz unterschiedlichen Gallen an ein und demselben Blatt kommt. Jede gallerzeugende Art scheint über ihre eigene Aminosäurenkombinationen zu verfügen, die ihrerseits wieder unterschiedliche Wuchsstoffe der Pflanze aktivieren und damit das Wachstum anregen.

Jedenfalls verstehen sich die Gallinsekten vorzüglich auf die Anwendung dieser Substanzen und erreichen mit kleinsten Mengen optimale Wirkungen.

Oben: Die Unterseite dieser Eichenblätter hat Schlapphutgallen gebildet.
(Foto: Pfletschinger/Angermayer)
Links: In einem längs aufgeschnittenen Schlafapfel werden die Larven der Rosengallwespe sichtbar.
(Foto: Kaiser)

Rotwild
(Foto: Lehmann)

Tiere in Abhängigkeit zu ihrer Umwelt
VOM REGENWURM ZUR SCHNEPFE

›Naturnaher‹-Wald steht nur noch hinter Gittern. So anmutig Rehe sind, in Mengen gefährden sie zusammen mit den Hirschen den Wald. Sie fressen alles, was hoch keimt und was bereits aufgeschossen ist. Wo der Stickstoff durch Pflanzen nicht mehr abgebaut wird, gelangt er unzersetzt ins Grundwasser und richtet Schaden an. Selbst der Regenwurm führt in den Böden hinter Drahtzäunen ein besseres Leben und versorgt eine reiche Tierwelt mit Nahrung — beispielsweise die selten gewordene Schnepfe.

Die Pflanzenwelt der Spessartwälder ist von Natur aus arm an Arten. Die nährstoffkargen Buntsandsteinböden geben selbst im weniger geschwächten Hochspessart nicht mehr her als bodensaure Buchen-Traubeneichen-Gesellschaften.

Die meist nur spärlich mit Hainsimsen bewachsenen Waldböden überziehen sich nur dann zeitweise mit einer üppigeren Kraut- und Strauchflora, wenn der alte Buchenbestand aufgelichtet und darunter die nächste Baumgeneration begründet wird. Forstleute sagen dann, der Wald werde ›verjüngt‹.

Bis dahin hat sich im kühlen Schatten des dichten Kronendaches aus dem nur verzögert abgebauten Laubabfall eine mehr oder weniger mächtige Schicht von unzersetztem Auflagehumus angehäuft. In diesen Rohhumuslagen sind beachtliche Mengen an Pflanzennährstoffen, vor allem Stickstoff, festgelegt. Erst wenn in einem zu verjüngenden Bestand das Kronendach durch Aushauen von Bäumen aufgelichtet wird, können ausreichend Licht, Wärme und Niederschläge auf den Boden dringen und das Bodenleben so anregen, daß dieses tote Nährstoffkapital freigesetzt wird.

Eine rasch, oft explosiv sich entwickelnde besondere ›Schlagflora‹ kann die freiwerdenden Stickstoffmengen aufnehmen, die dem Mehrfachen einer künstlichen Volldüngung entsprechen. Das bis mannshoch aufschießende Schmalblättrige Weidenröschen ist die auffälligste dieser stickstoffholden Schlagpflanzen, zu der sich alsbald Himbeere und Roter Holunder gesellen.

Diese Stickstoffpflanzen sind besonders eiweißreich und leicht verdaulich. Sie nehmen nicht nur die beim Humusabbau freiwerdenden Nährstoffe auf, sie geben diese noch im Herbst desselben Jahres in Form leicht zersetzbarer Blätter und Stengel an den Boden zurück.

Vor allem der bodenbildende Regenwurm ist auf solch verdauliche Kost angewiesen. In seinem Darm entsteht schließlich der Stoff, aus dem die guten Oberböden sind: krümeliger Wurmkot, in dem Humusteilchen aus dem Pflanzenabfall mit Tonteilchen aus dem Mineralboden stabile, fruchtbare Bindungen eingehen. Mit Hilfe der Schlagflora und der Regenwürmer kommt so der auf diesen ziemlich sauren Waldböden gehemmte Nährstoffkreislauf zwischen Boden, Humusschicht und Baumbestand wieder in Gang.

In den durch Maschendraht vor gefräßigen Rehen und Hirschen verwahrten Waldverjüngungen gibt es, dies ist wissenschaftlich seit Jahrzehnten erwiesen, mehr Arten von Regenwürmern in viel höheren Bestandsdichten als in den Böden außerhalb der Zäune. Dort draußen bleiben vor allem saure Gräser übrig, die weder die ansehnlichen Stickstoffmengen binden noch die speziellen Ansprüche des sehr wählerischen Regenwurms befriedigen können. Der Stickstoff wandert zum Teil als Nitrat ins Grundwasser ab und vergiftet dieses, der Humuszustand bleibt eindeutig schlechter.

Wo wegen der Folgen des sauren Regens, der auch im Spessart Bäume und Böden lebensbedrohlich schädigt, der Wald mit Kalk gedüngt wird, beschleunigt man noch den natürlicherweise durch Licht, Wärme und Wasser angeregten Humusabbau gewaltig. Bleibt wegen übermäßigen Wildverbisses die Stickstoff-Flora aus, sackt gefährliches Nitrat in das Grundwasser ab. Der Nährstoffkreislauf wird unterbrochen, und der in der Waldlebensgemeinschaft insgesamt so knappe Stickstoff geht verloren. So kann ein Drahtzaun oder, vernünftiger noch, ein durch energischen Abschuß angemessener Schalenwildbestand auf Waldstandorten wie denen des Hochspessarts Besseres bewirken als eine aufwendige Düngung.

Die Vielfalt der Pflanzenwelt in wilddichten Zäunen wirkt sich folgerichtig auch auf die Tierwelt sichtbar bereichernd aus. Un-

Unten: Das Weidenröschen ist eine wichtige Charakterpflanze forstlicher Kulturflächen, die mit ihrem leicht zersetzbaren Laub den Humuszustand der Waldböden entscheidend verbessert. Da sie besonders eiweißreich und schmackhaft ist, wird sie durch allzu viele Rehe und Hirsche total aufgefressen. Nur hinter wilddichten Zäunen kann sie noch gedeihen; dort allerdings massenweise.
(Foto: Layer)

zählige Insektenarten sind Nutznießer der Blüten- und Blätterfülle. Die schmackhaften Früchte der Himbeere und der reiche Beerenbehang des Holunders locken Drosseln, Grasmücken, Rotschwänzchen und Dompfaffen an. Durch ihren Kot verbreiten sie die Samenkörnchen, die dann, nahezu allgegenwärtig im Wald, auf ein Loch im Kronendach warten, das ihnen Wachstum ermöglicht.

Die possierliche Haselmaus, unser kleinster Bilch – im Spessart vorwiegend an lichten Waldrändern im Haselgebüsch zu Hause –, fühlt sich in der Himbeerwildnis der eingezäunten Eichenjungwüchse sichtlich wohl. Regenwurmliebhaber wie der Dachs wissen sich stets Zugang zu diesen ergiebigen Nahrungsgründen zu verschaffen. Auch der Fuchs stellt in den Zäunen nicht nur Mäusen nach und nascht überreife Himbeeren; auch frißt er liebend gerne die nahrhaften Regenwürmer, was neueste Untersuchungen bestätigen.

Ausgedehnte Waldgebiete wie der Spessart waren stets auch Refugien für stark verfolgte Tierarten. So hat der Habicht hier die Zeiten schlimmster Verfolgung überlebt. In Bayern wurde er, wie alle übrigen Greifvögel, Anfang der 1970er Jahre ganzjährig geschont. Seit einigen Jahren geben die Jagdbehörden jedoch wieder einzelne Abschüsse frei. Dies erreichten die Jäger durch eine beispiellose Hetzkampagne entgegen allen naturwissenschaftlichen Erkenntnissen. Inzwischen haben Jäger und Jagdpresse ein Klima geschaffen, durch das illegale Verfolgungen des Habichts und anderer Greifvogelarten ein erschütterndes Ausmaß angenommen haben. Längst ist der verfemte Habicht aus den feldnahen Waldrevieren vertrieben, die er in den ersten Jahren der Schonung wieder besiedelt hatte.

In den Tiefen der Spessartberge ist er sicherer vor den brutalen Nachstellungen von Leuten, die ihr beschämendes Tun einer zu-

Oben: Wo der Rothirsch übermäßig gepflegt wird, sieht der Wald so ruiniert aus wie auf diesem Bild. Ein Buchenstamm zeugt noch von der vergangenen Laubwaldpracht. Durch übermäßigen Rotwildverbiß ist die Vegetation verarmt. Nur saure Gräser und anspruchslose Fichten können noch gedeihen. Die letzten Himbeerblätter verschwinden gerade im Tiermaul.
(Foto: Dagner)

Links: Das Habichtsweibchen hält ein Eichhörnchen in den Fängen. Einzelne braune Federn aus dem Jugendkleid zeigen, daß das Weibchen sein erstes Alterskleid trägt.
(Foto: Sperber)

Dachse

Den plumpen bis zu 20 Kilogramm gewichtigen Dachsen sieht man es nicht an, daß sie mit den Mardern und Wieseln zu den marderartigen Raubtieren zählen. Sie haben einen Stummelschwanz und tragen an den Vorderpfoten Grabklauen, mit deren Hilfe sie sich einen weitläufigen Bau graben. Der Wohnkessel kann bis zu fünf Meter unter der Erde liegen. Im Bau verschlafen sie den Tag und gehen in der Nacht auf Jagd. Dachse sind Allesfresser, die Kleinsäuger, Vögel, Schlangen und Insekten ebenso gern verzehren wie Früchte, Wurzeln und Pilze. (Foto: Pfletschinger/ Angermayer)

nehmend skeptischeren Öffentlichkeit immer noch als ›angewandten Naturschutz‹ anpreisen möchten. Forstleute und Waldjäger standen seit jeher dem Raubwild toleranter gegenüber als die Schützen in den Niederwildjagden.

Ein anderer großer, prachtvoller Greifvogel, der Rotmilan, hält sich außerhalb geschlossener Waldgebiete auf, dringt jedoch dort entlang der Bachtäler weit in den Kernbereich des Spessarts ein, wo der Wald auf größerer Fläche zeitweise beseitigt wird. Anfang der 1970er Jahre hatte ein schlimmer Orkan solche Öffnungen geschaffen. Im hessischen Spessart haben ausgedehnte Großkahlschläge in alten Buchenwäldern ähnliche Effekte bewirkt. Gern jagt der Rotmilan dem Habicht die Beute ab. Dann findet man unter seinem Horstbaum Reste von Eichelhähern und Tauben, die er aus ›zweiter Hand‹ bezogen hatte.

Das Verhalten bestimmte seinen ›Vornamen‹: Schmarotzermilan

Der Schwarze Milan erhielt von diesem Bettelverhalten sogar einen zweiten Namen: Schmarotzermilan. Er kommt in Nordbayern fast ausschließlich an größeren Gewässern vor. Im Maintal ist er nicht selten zu beobachten, wie er im niedrigen Suchflug über dem Wasserspiegel kreist und dabei Ausschau nach Fischkadavern hält. Mehr noch als sein rotbrauner Bruder ernährt er sich von Aas, das er an Gewässerufern, Straßenrändern und Müllplätzen zu finden weiß. Einzelne Paare horsten auch in den bekannten Reihersiedlungen an den Waldhängen zum Main. Als typische Schmarotzer belästigen sie die voll beladen zu ihren Horsten rudernden Graureiher so lange, bis diese den Kropfinhalt erbrechen.

Daß in den roten Buntsandsteinfelsen alter Steinbrüche des Mainvierecks die letzten Wanderfalken Frankens horsten, wissen nicht nur Vogelfreunde. Rund um die Uhr müssen die drei Horstplätze von ehrenamtlichen Bewachern geschützt werden, damit Eier und Junge nicht von kriminellen Elementen geraubt werden.

Andere Naturschutzidealisten wollen wiedergutmachen, was durch Falkenräuber und fanatische Brieftaubenzüchter dieser stolzen Vogelart an Schäden zugefügt wurde. Der engagierte Greifvogelspezialist Dr. Günther Trommer züchtet mit ausgeklügelten Methoden und beispiellosem Erfolg Wanderfalken in der Gefangenschaft und schiebt die Jungvögel wilden Wanderfalkenpaaren in freier Wildbahn unter, deren Brutergebnis gering war. Andere Jungfalken bürgert er, von Forstverwaltungen und der bayerischen Jägerorganisation unterstützt, an Kirch- und Schloßtürmen ein. Auch im Maintal hat Trommer mit seiner ›Einhorstmethode‹ unerwartete Erfolge.

So begrüßenswert die aufopferungsvollen Hilfsaktionen sind und so hoffnungsvoll die momentane leichte Bestandszunahme des Wanderfalken erscheint, auf die Dauer ist er nur zu retten, wenn unsere Landschaften und die Beutetiere des Falken weniger mit Giften überlastet werden als bisher.

An Eulen gibt es im Hochspessart nur die beiden gemeinsten Arten: in allen älteren Waldbeständen, vor allem mit dicken Buchen und Eichen, den Waldkauz und entlang der Grenze zwischen Wald und Feld, in alten Krähennestern horstend, die Waldohreule.

Rechts: Krümelig verschneiter Laubboden tarnt die Frischlinge des Wildschweins vorzüglich.
(Foto: Diedrich)

und sich im Scheine einer Taschenlampe betrachten. In den folgenden drei Jahren beobachtete ich an insgesamt drei Stellen im Umkreis von nur drei Kilometer um Frammersbach diesen Spessart-Neubürger.

Andere ursprünglich nur in natürlichen Bergwäldern beheimatete Vogelarten sind längst vertraute Gesellen der Nadelholzforste im Spessart geworden. So nehmen wir das Brüten von Tannenmeise, Haubenmeise, Wintergoldhähnchen und Fichtenkreuzschnabel, ja selbst des Erlenzeisigs als selbstverständlich hin.

Nur noch beim Tannenhäher läßt sich aus der Literatur die

Links: Die Haselmaus nagt ihre Lieblingsfrucht gleich am Zweig auf.
(Foto: Wothe)

Im Nordspessart hat sich mit dem Rauhfußkauz erst in unserer Zeit eine interessante dritte Eulenart eingefunden. Bis in die Zeit des Ersten Weltkriegs hinein galt dieses Käuzchen als Bewohner der Bergfichtenwälder der Alpen und hochgelegener Mittelgebirge, wie des Bayerischen Walds oder des Schwarzwalds. In den folgenden Jahrzehnten breitete sich der Waldkobold in den unnatürlichen Forsten aus Fichten und Kiefern bis hinunter in die Norddeutsche Tiefebene aus. Nachdem diese Art in der nördlich angrenzenden Rhön bereits in den 1950er Jahren aufgetaucht war, konnte es nur eine Frage kurzer Zeit sein, bis auch im nadelholzreichen Nordspessart mit seinem Brüten zu rechnen war.

Tatsächlich hatte ich das Glück, am 21. Juli 1964 zwei Kilometer südlich von Frammersbach in der Abenddämmerung gleich ein halbes Dutzend eben flügger Rauhfußkäuzchen anzutreffen. Jungvögel wie Elterntiere ließen sich durch Mäuseln – das Nachahmen von Mäuselauten – fast zum Anfassen nahe heranlocken

Geschichte seiner Ansiedlung rekonstruieren: Im Jahr 1919 fand der Arzt Dr. Stadler, der bedeutendste Kenner der unterfränkischen Vogelwelt, die erste Brut in der Nähe seiner Heimatstadt Lohr. Heute ist dieser durch sein lärmendes Schreien auffällige Vogel im Nordspessart allgemein verbreitet. Im Spätsommer, zur Zeit der Haselnußreife, fliegt der schwarzweiß gesprenkelte Vogel mit dem schneeweißen Bürzel weit über die Fluren, um an Hecken Nüsse als Wintervorrat zu ernten.

Im Mai pflegen die Waldarbeiter eine der vielen, bereits übermannshohen Eichendickungen. Sie hauen mit scharfen Heppen störende Birken und grobastige, krumme Bäumchen heraus, um den schlanken Eichengerten zu helfen.

Oben: In nahezu kugelförmigen Bodennestern, die von Moos ausgepolstert sind, hält die Haselmaus von Oktober bis April ihren Winterschlaf.
(Foto: Bogon)

Waldschnepfe

Die gut 34 Zentimeter messende Waldschnepfe lebt auf relativ kurzen Beinen. Sie ist etwas größer als die Bekassine, hat einen dickeren Schnabel und weist querverlaufende, schwarze Bänder auf dem Scheitel und dem Nacken auf. Ihre heimliche Lebensweise in feuchten und dicht überwucherten Wäldern sowie ihre perfekte Anpassung an Falllaubfärbung erschweren das Auffinden sehr.

In der Dämmerung fliegt sie mit eigentümlich klatschendem Geräusch auf, um sich danach schnell wieder in Deckung zu begeben, in der sie den Tag verbringt. Schnepfen sind ausgesprochene Wurmspezialisten.
(Foto: Limbrunner)

Immer noch Geheimnisse um die gut getarnte Waldschnepfe

Da purrt plötzlich fast unter dem Stiefel eines der Forstwirte ein rebhuhngroßer Vogel mit auffallend langem Schnabel senkrecht in die Höhe. Am Boden in einer angedeuteten, mit trockenen Grashalmen ausgelegten Mulde liegen vier Eier, die sich mit ihrer hell gelbbraunen Farbe und dunkleren Flecken vom Herbstlaub der Umgebung kaum abheben.

Ich baue in der Nähe mein Tarnzelt auf und beobachte die Brut. Es ist die geheimnisvolle Waldschnepfe, der einzige im Wald lebende Vertreter dieser sonst an offene Feuchtgebiete gebundenen Familie. Auch die Mutter, die jetzt überaus vorsichtig zu ihrem Gelege zurückschleicht, ist in ihrer Gefiederfärbung den Brauntönen der Fallaubdecke von Laubwäldern ideal angepaßt.

Nachdem sie das Gehege bedeckt hat, verfällt sie in eine Art Starrezustand. Selbst als eine dicke rote Wegschnecke ganz langsam den langen, auf dem Boden aufliegenden Schnabel hochkriecht, verzieht die Schnepfe keine Feder.

Nach 20 bis 22 Tagen Brutdauer schlüpfen die vier Küken. Auch sie sind bereits im ersten Dunenkleid farblich dem trockenen alten Laub perfekt angepaßt. Als Nestflüchter folgen sie der geduckt und vorsichtig wie immer sich bewegenden Mutter und suchen dabei mit dünnen ›Psieh‹-Rufen ständigen Kontakt.

Waldschnepfen verhalten sich so, als seien sie das verkörperte schlechte Gewissen. Stets halten sie sich in deckungsreichen, gegen Feindeinsicht sicheren Laubholzdickungen auf oder in Altholzbeständen mit reicher Kraut- und Strauchschicht. Ihre großen, tollkirschendunklen Augen sind ungewöhnlich plaziert: weit hinten und hoch oben am Kopf, so daß Flugfeinde auch dann wahrgenommen werden können, wenn der lange Schnabel bis zur Wurzel im feuchten Boden nach Nahrung sondiert.

Mit dem auffällig langen Schnabel, dem ›Stecher‹, sucht sie unter Fallaub, morschen Ästen, in Kuhfladen und unter Wildlosung nach Freßbarem. Dabei bevorzugt sie feuchte Bodenstellen, wie Pfützen, Wagenspuren, Quellmulden und Erlenbrüche. Vorzugsnahrung sind Regenwürmer. So ist die Waldschnepfe auch eine Art Indikator für biologisch gesunde Waldböden: Wo Schnepfen sind, gibt es reichlich Regenwürmer, und diese wiederum fühlen sich nur in gesunden, tätigen Böden wohl, deren Fruchtbarkeit sie ständig verbessern.

Im Spessart bieten die ausgedehnten Eichenkulturen einen trefflichen Lebensraum für die Waldschnepfe. Im Schutz der Wildzäune kann die regenwurmfreundliche Schlagflora gedeihen. Der Zaun hat noch einen Vorteil: Zumindest in den ersten Jahren hält er auch die Wildschweine fern, die größte Gefahr für Schnepfeneier und Küken. Beim intensiven Durchwühlen des Bodens stoßen die Sauen wohl mehr zufällig auf diese für sie schmackhafte Zukost. Andere Bodenfeinde dagegen haben keine realistische Chance, da die starr sich auf das Gelege drückende Schnepfe fast keine Witterung abgibt, die sie Fuchs und Marder verraten könnte.

Zur Rettung ihrer kleinen Jungen verfügt die Waldschnepfe über eine Fähigkeit, die in Jägerkreisen sehr lange heftig umstritten war. Heute weiß man zuverlässig, daß sie tatsächlich in Gefahrensituationen Küken zwischen ihre Füße packt, mit dem Schnabel gegen den Leib hält und sie im Fluge entführt.

Häufiger jedoch begnügt sich die Schnepfenmutter damit, den Feind abzulenken, indem sie, wie andere Bodenbrüter dies auch tun, ›verleitet‹. Dabei fliegt sie schwerfällig flatternd flach über dem Boden vor Fuchs, Hund oder auch Menschen davon. Die Füße läßt sie dabei tief nach unten durchhängen, den kurzen Schwanz klappt sie nach unten. Der Feind glaubt, in der vermeintlich verletzten Schnepfe eine leichte Beute zu finden,

Rechts: Die Waldschnepfe liebt alte Buchenmischwälder mit natürlicher Laubverjüngung und krautreicher Bodenvegetation. Sie sind in reh- und rotwildsicheren Zäunen entstanden.
(Foto: Sperber)

38

Links: Einem Vexierbild gleicht das Foto der brütenden Waldschnepfe im Fallaub.
(Foto: Sperber)

Roden der Auwälder, durch Umwandeln der Erlenbrüche in Fischteiche und von Laubwäldern in Nadelholzforste.

Obendrein ist die Waldschnepfe, der Vogel mit ›dem langen Gesicht‹, ein beliebtes Jagdobjekt. Während des Herbstzuges und im Winterquartier wird sie in Westeuropa und im Mittelmeergebiet übermäßig beschossen. Bei uns wurde sie zudem noch bevorzugt im Frühjahr bejagt. Da wurden die Überlebenden des gefahrvollen Fort- und Rückzuges gerade dann getötet, wenn sie sich in der Abenddämmerung beim sagenumwobenen Schnepfenstrich der Fortpflanzung hingaben.

Lautstark drängen derzeit die Jägerorganisationen darauf, die Frühjahrsbalzjagd wiedereinzuführen, da es bei diesem Vogel ohne feste Paarbindung unschädlich sei, die balzstreichenden Männchen zu bejagen. Wissenschaftler halten dieser Jäger-

Oben: Ein etwas unbeholfen wirkendes Schnepfenjunges bei seiner Lieblingsbeschäftigung: dem Wurmen.
(Foto: Sperber)

und verfolgt sie. Mit diesem Trick wird er von den bedrohten Küken weggeleitet.

Flugfeinden, wie Habicht und Sperber, entzieht sich unser Vogel erfolgreich durch eine vorzügliche Tarnfärbung, sein überaus vorsichtiges Verhalten und das Begrenzen seiner Hauptaktivität auf die Dämmerungszeiten. Rupfungen der Waldschnepfe sind selten und werden kaum gefunden.

Schlimmster Feind der Schnepfen ist jedoch der Mensch. Er zerstört ihren Lebensraum durch

meinung folgendes entgegen: Das von Natur aus gegebene Geschlechterverhältnis sei grundsätzlich für die Fortpflanzung und den Fortbestand einer Art erforderlich. Jede künstliche Veränderung, auch bei polygamen Arten, müsse deren Überlebenschancen verschlechtern. So ist nur zu hoffen, daß die so hochstilisierte Jagd auf Schnepfen bei ihrem Balzflug, dem ›Schnepfenstrich‹, in der Klamottenkiste der an naturwidrigen Curiosa keineswegs armen Jagdgeschichte bleibt.

Buntsandstein
(Foto: Wolfstetter)

Buntsandstein, Glimmer und Gneise
GESTEINE VOLLER FARBENPRACHT

Im Vorspessart kommt das kristalline Gestein zum Vorschein, das im übrigen Spessart unter einer bis zu 500 Meter dicken Buntsandsteinschicht verborgen liegt. Mineralien waren schon immer von Sammlern begehrt, am meisten der dunkelrote Granat. Dünnschliffe offenbaren – unter dem Mikroskop betrachtet –, wie farbig die Welt der Kristalle ist.

Es fällt schwer, sich die Umgebung Aschaffenburgs an der nordafrikanischen Küste vorzustellen. Und doch lag das Gebiet des Spessarts vor etwa 250 Millionen Jahren kaum mehr als 2000 Kilometer nördlich des damaligen Äquators am Südrand eines warmen Meeres. Dieses war vom Festland umschlossen und hatte nur einen schmalen Zugang zum Weltmeer, so wie das Mittelmeer heute eine Verbindung zum Atlantik besitzt. Am Südrand dieses Meeres lag das Gebiet des heutigen Spessarts mit Inseln und flachen Buchten, in die Flüsse mündeten. Aus dem nahe gelegenen Bergland brachten sie Schutt und Schlamm ins Meer.

Als älteste Ablagerung dieser Zeit finden wir das Zechsteinkonglomerat, das aus später verbackenen Geröllen, Kies und Sand besteht. Der Begriff Konglomerat ist aus dem Lateinischen abgeleitet und bedeutet ›Zusammengeballtes‹.

Sehr schön sind diese Schichten in einem Steinbruch bei Altenmittlau in der Gemeinde Freigericht aufgeschlossen. Das helle, gelbliche und durch Verwitterung ziemlich lockere Gestein hebt sich sehr deutlich von dem darüberliegenden, geschichteten Dolomit ab.

Die Quarzgerölle in dem Konglomerat sind noch ziemlich eckig und zeigen damit an, daß sie nicht weit transportiert worden sind, sonst wären sie zu runden Quarzkieseln geschliffen worden. Bei einer Geröllart, einem Quarzit, konnte man die Herkunft von dem nahe gelegenen Hahnenkamm, dem höchsten Berg im Vorspessart, ableiten. Er stellte damals schon ein höher gelegenes Abtragsgebiet dar.

Über dem Zechsteinkonglomerat kam in der Permzeit (nach der russischen Stadt im Ural benannt) vor rund 250 Millionen Jahren ein erzführender Schlick zur Ablagerung, der als dünner, kaum ein Meter mächtiger Kupferschiefer oder Kupferletten bekannt ist. Darüber befindet sich dünnschichtiges, relativ hartes, magnesiumhaltiges Gestein, der Zechsteindolomit. Er wurde ursprünglich als ein dunkler Schlick abgelagert, der reich an organischen, nicht völlig verwesten Substanzen war. Schlägt man einen Dolomitbrocken auf, so kann man noch einen an Faulschlamm erinnernden stinkenden Geruch wahrnehmen.

Auf diesem Dolomit standen in Mitteldeutschland die Bergwerke, auch Zechen genannt, in denen nach dem kostbaren Erz im darunterliegenden Kupferschiefer gegraben wurde. Später gab man dem ganzen Gesteinskomplex den Namen Zechstein, den man auch auf den Dolomit im Spessart übertragen hat.

Heute ist der Zechsteindolomit ein splittriges Gestein, das wegen seiner Härte als Splitt für den Straßenbau sowie als Bau-

Oben: Der überwiegende Teil des Spessarts wird von Buntsandstein bedeckt. Nur im Westen guckt nördlich von Aschaffenburg kristallines Gestein unter der Buntsandsteindecke hervor.
(Karte, nach Matthes und Okrusch: Lewandowski)

Rechts: Auf diesem Bild ist die Grenze zwischen dem helleren und weicheren Zechsteinkonglomerat und dem darüberliegenden dunkleren Dolomit sehr deutlich.
(Foto: Thiedig)

und Düngekalk begehrt ist. Sehr häufig findet man im Dolomit Hohlräume, Drusen, in denen Kristalle zu finden sind. Von Sammlern sind der eisenhaltige braune Dolomitspat sowie kupfer- und bleihaltige Fahlerze, Malachit, Lazurit und andere Minerale sehr gesucht.

Besonders bei Bieber im nördlichen Spessart hat man in vergangenen Jahrhunderten immer wieder versucht, die Silber-, Blei- und Kupfererze bergmännisch zu gewinnen. Von volkswirtschaftlicher Bedeutung waren aber lediglich manganreiche Brauneisenlager in verwitterten Karsttaschen des Zechsteindolomits.

Buntsandstein, im Spessart flächendeckend

Weitaus der größte Anteil des Naturparks Spessart wird vom Buntsandstein bedeckt, den man in ganz Deutschland vom südlichen Schwarzwald bis nach Helgoland verfolgen kann. Ein bekannter Geologe hat einmal scherzhaft den Buntsandstein als ›nationales Unglück‹ bezeichnet, wegen seiner nährstoffarmen Böden, die in Mittelgebirgen verbreitet sind.

Eine Zwitterformation könnte man den Buntsandstein auch nennen. Er ist nämlich eine Ablagerung zwischen Land und Meer, die aus einer Zeit stammt, als Mitteleuropa noch auf der geographischen Breite Nordafrikas lag. Entsprechend dieser Lage müssen wir mit wüstenartigen Verhältnissen rechnen.

Dennoch sind die bunten Sandsteine zweifellos Produkte des fließenden Wassers. Gelegentliche, starke Regenfälle, wie sie aus der heutigen Sahara noch bekannt sind, überschwemmen die flachliegenden weiten Gebiete. Dabei wurde nicht nur Tonschlamm, sondern auch Sand und gelegentlich Geröll transportiert und abgelagert. Die generelle Schüttungsrichtung war dabei nach Norden zur Beckenmitte gerichtet, die in Norddeutschland liegt.

Man schätzt, daß diese Buntsandsteinzeit etwa fünf Millionen Jahre gedauert hat. Würde ein Sandkorn in zehn Jahren durchschnittlich nur einen einzigen Meter weiterbewegt, so schaffte es in einer Million Jahre immerhin 100 Kilometer!

In dieser wenig gegliederten riesigen Tiefebene gab es nur spärlichen Pflanzenwuchs. Die wenigen Niederschläge versickerten meist rasch im sandigen Untergrund. Nur dort, wo in flachen Mulden tonreiche Sedimente zur Ablagerung kamen, hielt sich das Wasser etwas länger. Möglicherweise gab es in tiefergelegenen Senken auch Grundwasseraustritte, die lokal einen andauernden Pflanzenwuchs oasenähnlich ermöglichten.

Aus dem Spessart sind einige Pflanzenfunde bekannt, die von wenigen Arten zeugen: Schilfartige Schachtelhalme und Farne,

Oben: Die meterdicken Sandsteinbänke sind durch dünne Tonlagen, die als waagerechte Fugen erkennbar sind, getrennt. Die senkrechten Flächen entstehen durch Klüfte.
(Foto: Thiedig)

aber auch Holzreste von Nadelbäumen sind bei Wertheim, Obernburg, Heigenbrücken, Waldauerbach und Steinach gefunden worden. Eine ganz besonders interessante Buntsandsteinpflanze, bei der Blätter und Stamm fleischig ausgebildet waren, wurde bisher im Spessart nicht gesehen, obwohl man sie dort vermutet. Diese ausgestorbene Pflanze mit dem Namen Pleuromeia Sternbergi ist nämlich aus dem Buntsandstein in Thüringen und Hessen bekannt. Pleuromeia-Pflanzenreste entdeckte man zufällig vor etwa 150 Jahren bei Instandsetzungsarbeiten am Magdeburger Dom in einem Sandsteinblock, der auf das Pflaster stürzte und zerbrach. Ihre wasserspeichernden Blätter und Stämmchen könnten sowohl eine Anpassung an trockne als auch an salzige Standorte gewesen sein, so wie der Queller am Nordseestrand sie zeigt.

Etwas häufiger sind Abdrücke von Muscheln der Gattung Myophoria. Vereinzelt wurden auch Fährten des Chirotheriums gefunden, einer Saurierart, die handförmige Abdrücke hinterlassen hat, als es, Nahrung suchend, die weiten Ebenen gequert hat.

Zeugnisse der Tätigkeit des fließenden Wassers kann der aufmerksame Beobachter an vielen Aufschlüssen, oft schon an losen Gesteinsbrocken, den ›Lesesteinen‹, die man auf›liest‹, entdecken.

Sandkörner mit Eisenhülle färben Sandstein rot

Die meist rötliche Farbe – es gibt aber auch gelbliche, bräunliche und sogar grünliche Töne –, die dem ›Bunt‹sandstein den Namen gaben, rühren von einer Eisenverbindung her, die die einzelnen Sandkörner mit einer äußerst dünnen Haut überzieht. Rote Gesteinsfarben können nur in wärmeren Gegenden entstehen, die wechselfeuchte Jahreszeiten haben, wie sie heute nur in den Subtropen und den feuchten Mittelmeergebieten vorkommen.

Häufig kann man an vielen Mauern aus Buntsandsteinquadern eine Schrägschichtung erkennen. Innerhalb einer flachliegenden Sandsteinbank treten schräg einfallende feine Schichten auf. Sie entstehen durch die Vorschüttung von Sanden unter flacher, strömender Wasserbedeckung.

Nicht selten findet man auch Stücke mit Wellenrippeln, die ebenfalls eine flache Wasserbedeckung anzeigen. Seltener, wie beispielsweise in einem alten Steinbruch südwestlich Oberbessenbachs, sieht man an der Unterseite einer Sandsteinplatte netzartige Muster, die von sogenannten Trockenrissen herstammen. Sie entstehen, wenn eine feuchte, rote Tonlage austrocknet. Die dabei gebildeten, ein Zentimeter breiten und mehrere Zentimeter tiefen Risse ergeben ein netzartiges Muster.

Folgt nach anschließendem heftigem Regen eine Überschwemmung, bei der weißer Sand herantransportiert wird, füllt er zuerst die Trockenrisse aus und überschichtet dann die ganze Tonschicht. Die festeren Sandsteinlagen lösen sich leicht von den tonigen Schichten, so daß dann an der Oberfläche die weißen, mit feinem Sand gefüllten Risse als netzartige Leisten auffallen.

Rechts: Das massige Diorit-Gestein im Hölleinschen Steinbruch am Stengert bei Schweinheim wird nur von wenigen großen Klüften durchzogen. Am oberen Rand des Steinbruchs erkennt man die für Tiefengesteine typische ›wollsackartige‹ Verwitterung.
(Foto: Thiedig)

Manchmal werden bei der Überschwemmung der ausgetrockneten Tonlagen auch Teile abgerissen, die dann als flache ›Tonscherben‹ mitgenommen werden und nicht allzu weit entfernt als Tongeröll oder Tongalle wieder abgelagert werden.

Der Buntsandstein ist jahrhundertelang als wertvoller Baustein in mühevoller Handarbeit gebrochen worden. Viele alte Häuser, vor allem Kirchen, Denkmäler und Skulpturen, wurden aus solchen roten Natursteinen errichtet. Sie sind zusammen mit den Fachwerkbauten ein kostbarer Schmuck der Ortschaften des Spessarts.

Sind auch weite Bereiche des Spessarts mit dem eintönigen Buntsandstein bedeckt, so existiert außerdem ein auch für Laien interessantes geologisches Gebiet, das sich gänzlich von den bisher beschriebenen Landschaften unterscheidet. Es liegt zwischen Aschaffenburg-Laufbach und Alzenau-Gelnhausen im nordwestlichen Spessart.

Links: Aus der Nähe erkennt man das grobkörnige Gefüge des Diorits. Auf der angewitterten Fläche sind die Feldspäte hell, während die Biotite dunkel und die Hornblenden grünlich-schwarz erscheinen.
(Foto: Thiedig)

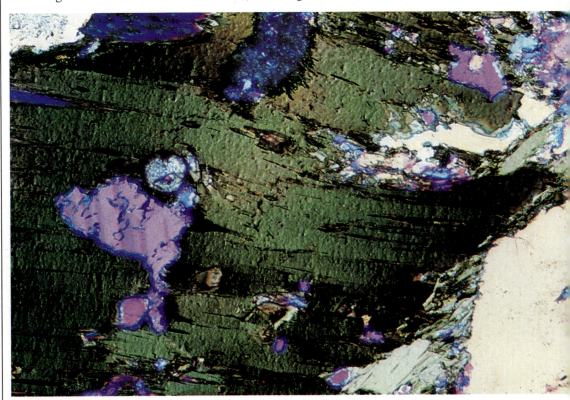

Oben: So sieht ein Biotitkristall im Diorit-Gestein als Dünnschliff unter dem Mikroskop aus. Der grünliche, mit Streifen durchsetzte Biotit ist durch gebirgsbildende Vorgänge verbogen worden. Die bläulichen, rötlich-violetten und schwach gelblichen Farben zeigen Feldspat an.
(Foto: Thiedig)

Vom Gestein her wesentlich interessanter: der Vorspessart

Das als ›Vorspessart‹ bezeichnete hügelige Land nimmt etwa ein Siebtel der Gesamtfläche des Spessarts ein. Es besteht aus kristallinem Grundgebirge, das ebenfalls vom Zechstein und vom Buntsandstein bedeckt war. Die Erosion hat den kristallinen Untergrund freigelegt und zugänglich gemacht. Der kristalline Zeh ›guckt‹ gleichsam aus dem löchrigen Zechstein-›strumpf‹ sowie aus dem Buntsandstein›schuh‹ heraus.

Schon äußerlich unterscheidet sich dieser nordwestliche, niedrigere und waldärmere Teil durch seine wellige und kuppige Landschaft vom waldreichen Buntsandsteinspessart, dessen Hochfläche von zahlreichen Tälern zerschnitten ist. Der ›kristalline‹ Untergrund des Vorspessarts besteht aus umgewandelten Gesteinen, wie Glimmerschiefer und Gneis, die fruchtbarere Böden liefern.

Diese Gesteine, auch kristalline Schiefer genannt, sind unter hohem Druck und hohen Temperaturen umgewandelt — metamorphosiert — worden. Ausgangsmaterialien können ebenso Sandsteine, Tone, Mergel, Kalke wie auch Granite und Basalte gewesen sein.

Die Bedingungen für diese Umwandlung sind aber nur in größeren Tiefen von mehreren Zehnerkilometern unter der Erdoberfläche gegeben. Bei diesen Prozessen, die Millionen Jahre andauern, werden sandige Tone zu Glimmerschiefern und Gneisen, Sandsteine zu Quarziten, Kalke zu Marmoren und Basalte

Minerale im Schliff

In zwanzigtausendstel Millimeter dünnen Gesteinsschliffen sind fast alle Mineralien durchsichtig. In polarisiertem Licht ergibt die unterschiedliche Lichtausbreitung in den Kristallen zwischen gekreuzten Polarisatoren ein farbenreiches Bild. Mit Hilfe von zwei nicht allzu teuren Polarisationsfiltern kann man in jedem Mikroskop die bunten Farben eines Gesteinsdünnschliffes sichtbar machen.
In der Mitte des Bildes liegt in violetter Farbe ein Granat, der tektonisch beansprucht wurde. Wegen seiner großen Härte zerbrach er bei der Faltung der Glimmerschiefer. Man erkennt es an den zahlreichen dunklen Rissen. Zur Schmuckverarbeitung ist ein solcher Kristall nicht geeignet. Im Granat selbst sind kleine gelb und blau erscheinende Quarze eingeschlossen. Als kompakte Stücke sind Granate meist rötlichbraun.
(Foto: Thiedig)

zu Amphiboliten. Die kristallinen Gesteine des Spessarts sind überwiegend aus sandigen und tonigen Gesteinen hervorgegangen, die vereinzelt mit vulkanischem Material vermischt waren.

Die gebirgsbildenden Vorgänge, die unsere Gesteine in die Tiefe gebracht und verwandelt haben, werden heute durch die Bewegung von großen Erdplatten erklärt. Diese Drift der Kontinente hat auch Mitteleuropa mitsamt dem Spessart aus der Position in Äquatornähe im Laufe von Jahrmillionen in den kühleren Norden gebracht.

Bei der erwähnten Umwandlung der Gesteine in großer Tiefe bilden sich neue Kristalle. Manche Komponenten der ursprünglichen Gesteine, wie beispielsweise der Quarz, sind schon kristallin. Er kann ebenso wie der Kalk, der zum Marmor wird, nur größere Kristalle bilden. Andere Ausgangsstoffe, wie Tone, werden zu ganz neuen Mineralen umgewandelt. So entstehen vor allem Glimmer und Granat als Neubildung.

Man unterscheidet einen hellen Glimmer, den Muscovit, und eine dunklen, den Biotit. Beide enthalten Kalium als wichtigstes Element, das bei der Verwitterung frei wird und zur Fruchtbarkeit der Böden beiträgt. Die dunkle Farbe des Biotits wird durch geringe Eisenbeimengungen verursacht.

Als weiteres wichtiges Mineral bildet sich bei den Glimmerschiefern und Gneisen in der Gesteinsumwandlung der Feldspat. Er ist meist weiß und leicht mit dem Quarz zu verwechseln. Bei angewitterten Stücken wirkt der Feldspat stumpfer, fast mehligweiß, während der Quarz fettiger und grauer ist.

Der Feldspat erhielt seinen Namen wegen seiner relativ guten Spaltbarkeit. Nach dem Quarz ist er das häufigste Mineral, das man auf den Feldern finden kann. Durch seinen Gehalt an Kalzium, Natrium und Kalium trägt er ebenfalls zur Fruchtbarkeit der Böden bei.

Den Glimmer kann man durch sein Glitzern sehr leicht schon auf den Wegen und im Gestein erkennen. Er läßt sich mit dem Messer oder einer Nadel ganz leicht in feinste dünne Blättchen zerlegen. Der dunkle Biotit verwittert ziemlich leicht. Dabei wird er heller und nimmt oft eine goldbraune Farbe an, die schon viele vermeintliche ›Goldfinder‹ enttäuscht hat.

Als ein besonderes und ganz typisches Mineral in den umgewandelten Gesteinen des Spessarts tritt noch der Granat auf, der wegen seiner wunderbaren intensiv roten Farbe als Schmuckstein sehr begehrt ist. Der Name kommt aus dem Lateinischen von ›granum‹ und bedeutet ›Korn‹, weil die Kristalle eine rundliche Form besitzen.

Es gibt eine ganze Gruppe von Granatkristallen mit unterschiedlichen chemischen Zusammensetzungen. Eine wichtige und häufige trägt den Namen Spessartin. Nach der Erstbeschreibung dieses manganreichen Silikats aus einem Gneis bei Aschaffenburg sind in allen Teilen der Erde in metamorphen Gesteinen Spessartine gefunden worden. Die schönsten fand man im Spessart bei Haibach mit einer Größe bis zu drei Zentimeter.

Der Granat war während der Völkerwanderung und im Mittelalter der wichtigste Edelstein, den man auch Karfunkel nannte. Heute ist der Granatschmuck der Urgroßmütter wieder gefragt.

Die kristallinen Gesteine des Spessarts haben ein gut geregeltes Gefüge: Längliche Minerale, wie Glimmer und Hornblende, sind in einer Richtung gewachsen, die man als Schieferung mit

Stichwort
Polarisationsmikroskop

In Schichten von weniger als 0,03 mm Dicke werden Mineralien durchsichtig. Beim Strahlengang durch solche Dünnschliffe ist die Geschwindigkeit des Lichtes je nach Farbe (Frequenz), Schwingungsrichtung sowie Kristallart und Kristallrichtung unterschiedlich. Wenn man weißes Licht in einem Polarisationsmikroskop in eine einheitliche Schwingungsrichtung bringt (polarisiert) und nach dem Durchlaufen eines Dünnschliffes durch einen zweiten Polarisator mit gekreuzter Schwingungsrichtung schickt, ergibt sich durch örtliche Auslöschung bestimmter Farben und das daraus folgende Überwiegen anderer Farben ein buntes Bild. Für manche Kristalle erfolgt völlige Löschung: Sie erscheinen schwarz.

Bemerkenswert
Gesteinsdünnschliffe

Zur genauen Untersuchung von Gesteinen werden Dünnschliffe angefertigt. Man schneidet mit Hilfe einer Gesteinssäge kleine Scheibchen etwa von der Größe eines Dominosteines ab. Das zunächst auf einer Seite angeschliffene Stück wird mit einem Harz auf ein Glasplättchen geklebt. Anschließend schneidet man die Gesteinsprobe auf eine Dicke von ein bis zwei Millimeter ab und schleift sie mit Hilfe von Schleifpulvern auf einen Schnitt herunter, der fünf- bis zehnmal dünner ist als ein menschliches Haar. Dieser Schliff ist dann so hauchdünn, daß man durch ihn lesen kann.

bloßem Auge erkennen kann. Die unterschiedlichen Gesteinstypen, wie Quarzite (Hahnenkammquarzit), verschiedene Glimmerschiefer und Gneise, kommen in wechselnden Streifen vor, die alle in südwest-nordöstlicher Richtung verlaufen, der Streichrichtung des alten vorpermischen Gebirges. In diese Schiefer sind zuletzt massige, grobkörnige, ziemlich dunkle Gesteine eingedrungen, die ähnlich den Graniten aus einer magmatischen Schmelze durch Abkühlung entstanden sind.

Die als Diorit bezeichneten, sehr

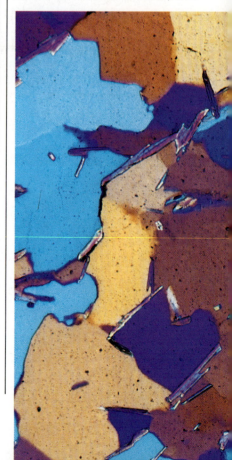

Rechts: Der Dünnschliff eines Quarzits aus dem Hahnenkammgebiet zeigt, daß die ursprünglich runden Quarzkörner durch die Umwandlung eckig kristallisierten. Je nach der Orientierung ihrer Kristallachse erscheinen die Kristalle in verschiedenen Helligkeiten. Die vielen Farben erhält man durch Einbringen eines farblosen, sehr dünnen Quarzblättchens in den Strahlengang des Mikroskops. Bei den dunkelroten steht die Kristallachse senkrecht zum Bild.
(Foto: Thiedig)

Links: Jeder einzelne orange- und violettfarbige Streifen ist ein äußerst schmaler Plagioklaskristall, dessen Orientierung wechselt. Alle Einzelkristalle sind zu einem großen Feldspat zusammengewachsen. In der Mitte liegt ein kleiner olivgrüner Biotit.
Foto: Thiedig

Unten: Die Streifung des mehrere Millimeter großen, grünen Biotitkristalls spricht für seine ausgezeichnete Spaltbarkeit. In rötlichen, bläulichen und orangefarbenen Tönen präsentieren sich Feldspat und Quarz in verschiedenen optischen Orientierungen.
(Foto: Thiedig)

harten Gesteine bestehen vor allem aus Feldspat, dunklem Glimmer, dem Biotit, Hornblende und nur wenig Quarz. Da die einzelnen Minerale sehr grobkörnig sind, kann man sie schon mit dem bloßem Auge identifizieren. Ihre volle Schönheit aber zeigen diese interessanten Gesteine erst in einem Dünnschliff unter dem Mikroskop im polarisierten Licht.

An den Gesteinen, die in vielen hundert Millionen Jahren entstanden sind, vom Sandstein bis zum Quarzit und Glimmerschiefer, vom Dolomit des Zechsteinmeeres bis zum jungtertiären Basalt, nagen schon wieder Wind und Wetter. Die zersetzten Gesteine werden mit den Niederschlägen zu Tal und ins Meer gespült und gelangen als Sand und Ton in den großen Kreislauf.

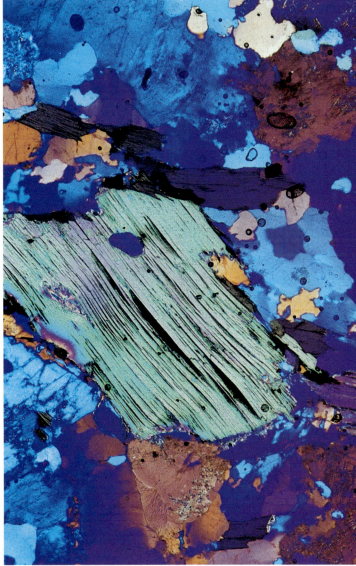

Blick von der Daxberger Höhe auf den Nordspessart
(Foto: Kampfmann)

Der hessische Nordspessart
WIE KAMEN DIE NADELBÄUME IN DEN LAUBWALD?

Für die Glashüttenbetriebe und Erzbergwerke des Nordspessarts wurde enorm viel Holz geschlagen und so der Wald vernichtet. Die Kiefer sollte den ruinierten Boden wieder verbessern und für die Aufforstung mit Laubbäumen vorbereiten. Was weitsichtige Forstleute seinerzeit nicht ahnen konnten, war die Veränderung in der Einstellung des Menschen zum Wald. Sie betrachteten ihn nur noch als profitbringende Handelsware. Als solche bot sich die Fichte an, die heute den Nordspessart beherrscht. Tannenhäher und Rauhfußkauz finden im Fichtenwald ihren Lebensraum.

›Eine Menge Blößen, welche die Berge verunzieren, ergötzen das Auge durch ihr frisches Grün. Es ist die Föhre, welche man zur Wiederherstellung des verarmten Waldbodens mit ungemein günstigem Erfolg anwendet.‹ So beschrieb 1839 der Apotheker und Botaniker Cassebeer die Gründe für den Einzug der Nadelbäume in den Spessart.

Und in seiner weiteren Ausführung zeigt er auch die Problematik auf, mit der sich heute noch die Forstwirtschaft auseinandersetzen muß: Es ist ›eine herrliche Holzart zur Zwischenkultur. Möge man sie hier fortan nicht als herrschende einführen wollen. . . . Wollte man die Föhre auf den Anhöhen des Spessarts unbedingt einheimisch machen, so würde man auch der wohlbegründeten Befürchtung Raum

Oben: Mit der Einbürgerung der Fichten eroberte der Tannenhäher den Spessart.
(Foto: Limbrunner)

geben müssen, daß da, wo unsere Großeltern einst unter himmelanstrebenden Eichen ausruhten, . . . unsere Enkel vielleicht nur gedrücktes, mit Flechten behangenes Kienholz antreffen würden.‹

Im Hochspessart nimmt das Nadelholz derzeit nur 36 Prozent der Waldfläche ein, im Nordspessart dagegen 60 Prozent. In einem Pollendiagramm aus dem Wiesbüttmoor bei Wiesen läßt sich ablesen, daß seit der Spätantike Buchenwälder mit Traubeneichen den Nordspessart bedeckten. Und ohne den Menschen wäre dies auch heute noch so! Auch den Bestockungswandel vom Laub- zum Nadelwald registriert dieses Pollendiagramm. Er vollzog sich besonders augenfällig im zentralen Nordspessart, dem ›Glashüttenspessart‹ im 19. Jahrhundert.

Der Spessart war im frühen Mittelalter königlicher Wildbann, der um 980 an das Erzstift Mainz kam. Der Nordspessart, insbesondere dessen Zentrum, der ›Glashüttenspessart‹, blieb bis zum hohen Mittelalter unbewohnt.

Erst im Zuge des hochmittelalterlichen Landesausbaus drang der Mensch in das unwirtliche Waldgebirge ein: In seinen Randzonen entstanden agrarische Siedlungen, im Zentrum um Wiesthal setzten sich Glasmacher fest. Auf der Suche nach dem Rohstoff Holz für die Glasherstellung ›sickerten‹ sie aus dem Vorspessart ein und ließen im Glashüttenspessart eines der wichtigsten Glashüttenzentren des Spätmittelalters und der frühen Neuzeit entstehen.

Die mit diesen Vorgängen verbundenen Rodungen dokumentiert unser Pollendiagramm. Erstmals gerieten nun die Ansprüche verschiedener Gesellschaftsgruppen an den Wald miteinander in Widerstreit.

Dem Interesse der Mainzer Obrigkeit an einem geschlossenen Jagdgebiet stand das Bedürfnis der Siedler und ›gleser uff umb den Spethßart‹ nach dem Rohstoff Holz und nach Rodungs- und Weideland entgegen. Daher verbot schon 1339 das Erzstift weitere Ansiedlungen und begrenzte die Zahl der Glashütten auf vier. Die Glaser durften ihren Holzbedarf nur im Sichtbereich ihrer Hütte decken. Diese Vorschrift zwang sie zu einer Dezentralisierung ihres Holzeinschlags. Sie errichteten in den siedlungsfernen Spessarttälchen ihre kurzlebigen Wanderglashütten. Dort produzierten sie ›von Ostern bis Martini‹ Glas und kehrten den Winter über in ihre Dörfer zurück.

Die Wüstungsepoche, ausgelöst von den Hungersnöten, Pestwellen und Agrarkrisen des 14. Jahrhunderts, hatte zur Folge, daß vom ausgehenden Mittelalter an bis zum Ende des Dreißigjährigen Krieges der Innenspessart dünn besiedelt war.

Die als ›Waldfeldbau‹ nur extensiv betriebene Landwirtschaft erlaubte sogar, daß zu Beginn der Wüstungsepoche der Wald verlorene Areale zurückerobern konnte. Diese Wiederbewaldung leitete die Eiche ein, die

Stichwort
Pollendiagramm

Wasserüberschuß auf undurchlässigem Grund hemmt die Verwesung abgestorbener Pflanzen und führt zur Moorbildung. Die Reste halbverrotteter Pflanzen lagern sich schichtweise übereinander. Das Moor wächst auf diese Weise jährlich um Bruchteile von Millimetern in die Höhe. Dabei werden ständig die Pollen der vom Wind bestäubten Pflanzen aus der näheren und weiteren Umgebung in das Moor eingeweht und dort Jahrtausende konserviert.

Die Pollenanalyse ermittelt in verschiedenen Tiefen die Anteile der einzelnen Pollenarten und stellt sie in einem Pollendiagramm graphisch dar. Aus diesen Kurven lassen sich für jede Geschichtsepoche die vorhandenen Pflanzenarten und Tendenzen ihrer Verbreitung erkennen.

dank ihrer dicken Borke im Gegensatz zur Buche das Brandeln in den Wildfeldern und Hutwaldungen überlebte. Hier samte sie sich bei nachlassendem Weidegang in Mastjahren wieder an. Die Eiche stand zudem unter dem Schutz der Mainzer Obrig-

keit als Mastbaum für Wild- und Hausschweine. Grimmelshausen pries in seinem ›Simplizissimus‹ die Spessart-Eiche: ›...welcher nützliche, edle Baum, als worauf Bratwürste und fette Schunken wachsen.‹

Selbst im Glashüttenspessart waren trotz des hohen Holzbedarfs der Hütten keine flächigen Waldverwüstungen zu verzeichnen. Die Rohstoff-Funktion des Waldes stand im Vordergrund, die Landwirtschaft wurde nur nebenher betrieben. Solange die wenigen Bewohner nicht ausschließlich von der Landwirtschaft leben mußten, konnte sich der Wald auch bei dem hohen Holzverbrauch der Glashütten im wesentlichen ohne Schäden behaupten. Denn der Naturhaushalt war noch nicht beeinträchtigt. Dem Rohstoffbedarf der Glaser und der begrenzten Nutzung von Rodungs- und Weideland konnte der Wald gerecht werden.

Mit der Überschrift ›Die Not im Spessart‹ versah 1853 Professor Rudolf Virchow seinen Reisebericht. Die Not nahm ihren Anfang im ausgehenden 17. Jahrhundert. Auch das Pollendiagramm zeigt starke Eingriffe in den Wald.

Den Waldrückgang begründete eine Mainzer Waldverordnung schon 1744 damit, daß ›... von vielen Jahren hero die in dem Spessard gewesene Glaß-Hütten zu gantzen Dorffschaften angewachsen, also daß die Unterthanen an der Zahl gar zu sehr überhand genommen, und bey Abgang der nöthigen Baufelder ihre Nahrung fast alleinig in Unseren Waldungen mit deren augenscheinlichen Verderb und Ruin suchen‹.

Den sprunghaften Bevölkerungsanstieg nach dem Dreißigjährigen Krieg charakterisiert ein Schreiben des Hüttenmeisters Jakob Fleckenstein, mit dem er bei der Mainzer Obrigkeit bereits 1676 um Rodungsland für seine Kinder und seine ›53 Enckelein‹ bat. Dadurch entstanden um dieselbe Zeit an den Plätzen ehemaliger Wander-

Oben: Im Schutz eines 350jährigen Huteichenwaldes erobert die Buche wieder ihr Areal. Links: In dem klaren Wasser des Wiesbüttsees spiegeln sich Buchen und Fichten.
(Fotos: Schmelzenbach)

Wiesbüttmoor

Baumarme Hochmoore wie das südöstlich von Bieber im Hessischen Spessart gelegene Wiesbüttmoor bilden eine kleine Welt für sich. Sie zeichnen sich durch Nährstoffarmut aus, da ihr Wasser- und Nährstoffhaushalt aus den Niederschlägen stammt. Sie haben keine Verbindung mehr zum Grundwasser.
Das erkennbare Mosaik von trockneren, kissenförmigen Erhebungen (Bulte) und den im Bild dunkleren feuchten Schlenken ist charakteristisch für Hochmoore nicht zu feuchter Klimagebiete. Auf den Bulten gedeihen bereits Moosbeere, Glockenheide und Flechten, während die Schlenken vorzugsweise von genügsamen Torfmoosen sowie Seggen und Wollgräsern besetzt sind.
(Foto: Schmelzenbach)

glashütten die neuen Dörfer Jakobsthal und Heinrichsthal — im Herzen des bisher nur in seiner Randzone besiedelten Heinrichsthaler Forstes. Dieses 2500 Hektar große Kerngebiet des Glashüttenspessarts ward nun zerfranst von fünf Dörfern, die jeweils nur eine knappe Wegstunde auseinanderliegen.

Die Not im Spessart erreichte ihren Höhepunkt, als Mainz 1719 anordnete, daß die Glaser ›mit weiterem Brennen einzuhalten‹ hätten, weil ›die Glas-

Oben: der Rauhfußkauz kam mit den Fichten zusammen in den Spessart.
(Foto: Münker)
Rechts: Gelegentlich samt sich auch die anspruchsvolle Tanne in der Buchenverjüngung an.
(Foto: Kampfmann)

hütten allzu viel Ungemach nach sich ziehen‹.

Durch die endgültige Abschaffung der privaten Glashütten mußte die Bevölkerung im Glashüttenspessart ihren Lebensunterhalt fast ausschließlich aus der Landwirtschaft bestreiten. Dadurch erweiterten und verschoben sich die Gewichte der bisherigen Funktionen des Waldes zu dessen Ruin.

An die Stelle des Holzverbrauchs der privaten Glashütten trat der Anspruch der Staatskasse. Reines Gewinnstreben nutzte die inzwischen 300- bis 400jährigen Alteichen, die sich im Spessart während der Wüstungsepoche angesamt hatten, für den Export in die Niederlande. Das Brennholz ging nun an die staatlichen Glasmanufakturen Rechtenbach und Weibersbrunn oder wurde ›für Unsere Hoffstatt und das Militare‹ nach Mainz verfrachtet.

Der Landbedarf der Spessartbewohner trieb die Rodung um die Kernfluren der Siedlungen immer tiefer in den Wald vor. Bis zum Sechsfachen ihrer ursprünglichen Ausdehnung wurden die Feldgemarkungen erweitert.

Den verbleibenden Waldflächen fiel mehr und mehr die Funktion zu, die landwirtschaftliche Mangelsituation auszugleichen. Dadurch wurde der Wald am schwersten belastet. Diese Funktion schadete im übrigen Spessart in der Regel dem Walde nur in siedlungsnahen Bereichen. Wegen der dichten Besiedlung des Glashüttenspessarts jedoch wurde dort der Wald fast flächendeckend als landwirtschaftliche Ergänzungsfläche beansprucht.

Laub- und Humusauflage des Waldbodens diente als Stallstreu

Die verhängnisvollen Wechselbeziehungen zwischen Wald und Feld im Innenspessart gingen letztlich auf den Mangel an Dünger zurück. Es wurde zu wenig Stalldung erzeugt, weil das Vieh wegen der Futternot meist im Wald und auf der Brache weiden mußte. Überdies suchten die Spessarter dem Futtermangel zu begegnen, indem sie das Gras in den jungen Schlägen aussichelten und durch Schneiteln an jungen Trieben Laubheu gewannen. Zudem mußten sie auch das kurzhalmige Getreidestroh verfüttern, dadurch fehlte wieder die Stalleinstreu für die Wintermonate.

Diesem Mangel halfen sie ab durch das ›Straselrechen‹: Die Laub- und Humusauflage des Waldbodens wurde auf Haufen gerecht und als Stalleinstreu eingefahren. Für die Düngung landwirtschaftlicher Flächen führte man noch im ausgehenden 18. Jahrhundert das sogenannte Laubäschern durch.

So zehrte seit Ausgang des 17. Jahrhunderts und seit der Auflassung der Glashütten zu Anfang des 18. Jahrhunderts die ertragsschwache Landwirtschaft im Spessart vom Walde, insbesondere von den Kräften seines Bodens. Er verlor durch das Laubäschern und Streurechen seinen Humus, der Oberboden verarmte an Nährstoffen, und sein Wasserspeichervermögen schwand dahin; der Naturhaushalt wurde empfindlich gestört. Bucheckern und Eicheln fanden nicht mehr das geeignete Keimbett, die zarten Sämlinge verhungerten und verdursteten. Wo sie trotz der ungünstigen Bodenverhältnisse noch Fuß fassen konnten, fielen sie dem Zahn des Weideviehs und der Grassichel zum Opfer. Nur noch Heidekräuter, Flechten und Moose besiedelten den Waldboden. Da sich Buche und Eiche nicht mehr verjüngen konnten, entstanden weite Ödflächen. In den noch geschlossenen Beständen aber starben die Alteichen an Nährstoff- und Wassermangel, die Buchenwälder verkümmerten zu Krüppelbeständen, in denen 100- bis 150jährige Buchen knapp Armstärke erreichten.

Die Mainzer Obrigkeit sah diesem Waldsterben nicht tatenlos zu. Zwischen 1666 und 1744 erließ sie sechs Wald- und Forstordnungen für ihren Spessart. Waldbauliche Regeln für die Wiederverjüngung des Laubholzes wurden durch strenge Ge-

und Verbote ergänzt. Die Waldweide und das Grassicheln durften nur in den älteren Schlägen ausgeübt werden. Das Streurechen wurde reglementiert, ›weil das jung aufliehende Holtz mit solchem Rechen außgezogen wird‹. Das Laubäschern blieb verboten – wegen der Waldbrandgefahr. Die schwerwiegenden ökologischen Folgen dieser Praktiken hatte man damals gar nicht erkannt.

Wegen der drohenden Holznot ließ Mainz 1733, 1770 und 1790 feststellen, ›ob die Waldungen imstande seien, das jährliche Bedürfnis immerfort befriedigen zu können‹.

Erst die Inventur des Jahres 1790, die der markgräflich-badische Oberforstmeister Tettenborn durchführte, gibt uns den ersten Einblick in den Waldzustand des Spessarts zur Zeit der Französischen Revolution. Tettenborn stellte im Spessart 6500

Hektar Ödflächen und Krüppelbestände fest. Davon lagen allein 4500 Hektar im Glashüttenspessart, wo er ›die betrüblichsten Spuren von Aschebrennen und Laubrechen‹ notierte. Allein in dem Zentrum des 2500 Hektar großen Reviers Heinrichsthal wurden 1600 Hektar zerstörter Waldflächen ermittelt.

Die Ursachen für die Entstehung der Ödflächen und Krüppelbestände erkannte Tettenborn als erster. Er machte auch Vorschläge für ihre Sanierung: ›...hier bleibt nichts übrig, als die Saat mit Rothtannen (Fichten) und Forlen (Kiefern) in die Heide, doch ganz dicht, zu veranstalten...; einzig und allein dürfen diese öden Plätze nur mit Nadelholz in Stande gebracht werden, weil solches durch den Abfall der Nadeln den Boden bessert und ihn zur Tragung des Laubholzes wieder tauglich macht.‹ So

Oben: Nadelholzbestände sollten auf humusarmen Böden die Voraussetzung zur Wiedereinbringung von Laubhölzern schaffen.
(Foto: Kampfmann)

kamen die Nadelbäume in den Spessart!

Tettenborn hat damit schon 1790 die Richtlinien für das waldbauliche Handeln vor allem im Nordspessart für die folgenden 70 Jahre vorgegeben. Zwar wurden im Nordspessart schon 1786 die ersten Fichten – wohl aus jagdlichen Gründen – kleinflächig gesät, so zum Beispiel im Revier Schöllkrippen auf dem Platz der letzten, 1723 erloschenen Wanderglashütte im Sommergrund.

Aber systematisch und großflächig zur Verbesserung der Ödflächen begann man 1793 mit der Anlage von Mischsaaten aus Kiefer/Lärche oder Kiefer/Fichte. In den am stärksten betroffenen Nordspessartrevieren Heinrichsthal, Schöllkrippen, Sailauf und Wiesen wurden zwischen 1793 und 1802 etwa 90 Hektar, zwischen 1803 und 1813 rund 60 Hektar und 1814 und 1830 fast 760 Hektar Nadelholzsaaten angelegt.

In den Jahren 1830/37 wurde im Spessart eine genaue Zustands-

Oben: Nach jahrhundertelanger Streunutzung bedecken nur noch Heidelbeere und Heidekraut sowie Flechten und Hungermoose den Waldboden.
(Foto: Kampfmann)

erfassung durchgeführt und der Wald mit seinen Holzvorräten analysiert. Daraus wurde die Planung für den Holzeinschlag und das waldbauliche Vorgehen in den kommenden Jahrzehnten abgeleitet.

Die damaligen Forstleute der ›Romantik‹ unterzogen sich dieser Aufgabe mit hohem Sachverstand, kritischer Beobachtungsgabe und feinem Einfühlungsvermögen in die natürlichen Zusammenhänge. In ihrer langfristigen Waldbauplanung bauten sie auf den Grundsätzen Tettenborns von 1790 auf: Wo der Boden noch eine Humusauflage besaß, sollte wieder das Laubholz verjüngt werden. Auf Ödflächen und in Krüppelbeständen wollte man wie bisher Nadelholz säen und ›hiedurch den Boden für eine spätere Laubholz-Kultur vorbereiten‹.

Humusbildung durch Kiefern als Zwischenkultur

Das Nadelholz war also weiterhin nur Zwischenkultur, um mit seiner Hilfe die Humusbildung einzuleiten und ein günstiges Kleinklima für junge Buchen und Eichen zu schaffen. Spätestens bevor die Nadelbäume selber Samen abwarfen, sollten sie dann durch junge Laubbäume ersetzt werden, denn den Innenspessart wollten die damaligen Forstleute auf Dauer als reines Laubwaldgebiet erhalten.

Von 1830 an wurde in den folgenden Jahrzehnten das Konzept der Bodensanierung mittels Nadelholzsaaten auf großen Flächen verwirklicht. Daneben liegen auch Zeugnisse verzweifelter Versuche vor, durch Saat und Pflanzung von Eichen und Buchen möglichst große Flächen der geschundenen Waldböden dem Laubholz zu erhalten.

Die in der ersten Hälfte des 19. Jahrhunderts begründeten Nadelholzbestände wuchsen in eine Epoche hinein, in der die Menschen auf einmal den Wald mit anderen Augen betrachteten als noch die Forstleute der ›Romantik‹. Die Gründerzeit brach an, es begann die Industrialisierung. Ihr Einfluß machte auch vor dem Wald nicht halt, und wieder einmal wandelten sich seine Funktionen.

Möglichst große Mengen des Rohstoffes Holz und eine möglichst hohe Rendite für den Waldbesitzer sollte er nun vor allem liefern. Beide Forderungen begünstigten das am Markt gesuchte, raschwüchsige Nadelholz und führten in letzter Konsequenz zum Anbau reiner Nadelholzbestände – diesmal als Selbstzweck und nicht mehr wie seit Tettenborn, um ›den Boden zur Tragung des Laubholzes wieder tauglich‹ zu machen.

Vor allem im Nordspessart stieg der Anteil der Nadelbäume in den Jungbeständen, die zwischen 1870 und dem Ende des Zweiten Weltkrieges begründet wurden, von 50 Prozent auf fast 80 Prozent an. Dies ist jedoch nicht ausschließlich auf die geänderte Einstellung zum Wald zurückzuführen. Notsituationen, wie zwei Weltkriege und mehrere Schneebruchkatastrophen, ließen die Nadelholzanteile zwangsläufig ansteigen. So gewann das Nadelholz im Spessart weiter an Boden in einem Zeitraum, den die Planung von 1830 eigentlich dazu ausersehen hatte, wieder zum Laubholz zurückzukehren.

Trat nun auch die Laubholzfreundlichkeit der Romantik in den Hintergrund, vergessen war sie im Spessart nicht. Wir danken es besonders den Lehren eines

Fototips
Sommerlandschaft

Im Sommer sind viele Lebensräume vorwiegend grün. Um aus dieser Farbe - in - Farbe - Komposition ein interessantes Foto zu machen, sind einige Stunden frühmorgens und abends besonders geeignet. Durch den roten Lichtanteil in diesen Tageszeiten wird Grün stark beeinflußt und differenziert. Das kommt am besten im Seiten- und Gegenlicht zur Wirkung. Weil aber Grün eine dunkle Farbe ist, müssen ein- bis eineinhalb Blenden zugegeben werden, um im Schatten noch Durchzeichnung zu erreichen. Das gleiche gilt für Fotos, in denen der Himmel eine große Fläche einnimmt.

Äußerste Vorsicht ist bei Rückenlicht geboten. Grün hat bei diesem Licht kaum noch Kontraste und wirkt leicht weißlich versuppt und unschön. Weil Grün eine Mischfarbe aus Gelb und Blau ist, bekommt es außerdem leicht einen Blaustich, vor allem im hohen Mittagslicht. Deshalb ist bei grünen Landschaften immer ein kräftiges UV-Filter zu empfehlen. Dunstiges Wetter läßt grüne Flächen immer in Blau verlaufen, besonders in größeren Entfernungen. Mit einem Polfilter kann das verhindert werden.

Carl Gayer, der Professor der Forstwirtschaft von 1855 bis 1878 an der Central-Forstlehranstalt in Aschaffenburg war und in dem Zeitraum von 1878 bis 1892 an der Universität München lehrte. Er forderte rigoros ›gemischten Wald‹ und redete das Wort den ›vom Gesichtspunkt der reinen Geldwirtschaft und des nackten Profits nun als unbrauchbare, träge Gesellen erachteten Laubhölzern‹. Leidenschaftlich übte er Kritik an der Einstellung seiner Zeit zum Wald.

Die engen Bindungen der Landwirtschaft an den Spessartwald, die ihm so schadeten, lockerten sich erst allmählich. Die Waldweide wird seit 120 Jahren nicht mehr ausgeübt, während man zum Beispiel in den Alpenländern noch heute um die Trennung von Wald und Weide ringt. Erst um 1950 aber wurde das schädliche Streurechen aufgegeben. Seitdem konnte sich wieder

eine Humusschicht auf den Waldböden bilden.

Im Vorfeld des Spessarts entstanden riesige Ballungsräume. Damit einher ging — wie mehrmals in der Geschichte — ein Wandel der Funktionen seines Waldes. Ein stark erweiterter Kreis von Menschen ist nun auf seine Rohstofflieferung, auf seinen Schutz des Wassers und Klimas sowie auf seine Abwehr von Schadstoff-Immissionen und auf seine Erholungsfunktion angewiesen.

Diesen Waldfunktionen gerecht zu werden ist das Ziel heutiger Forstwirtschaft. Der jahrhundertelang mißhandelte Waldboden wird durch dosierte Kalkgaben und maschinelle Bodenbearbeitung saniert, dem Laubholz wird wieder Vorrang eingeräumt. Die neuen Immissionsschäden an den Bäumen des Spessarts aber fordern eine Funktionenharmonie in größeren Dimensionen.

Oben: Der Kupferstecher Ips chalcographus schädigte diese Fichten im Spessart.
(Foto: Schelzenbach)
Links: Windbruch bedroht — unter anderen Gefahren — die Nadelholzreinbestände.
(Foto: Lehmann)

Auerhahn
(Foto: Limbrunner)

Warum machen sich Rauhfußhühner so rar?
DIE LETZTEN AUERHÜHNER IM NORDSPESSART

Auer-, Birk- und Haselhühner bereicherten früher den Spessart. Heute finden sich nur noch zwölf Auerhühner an einer einzigen Stelle des Nordspessarts. Warum sie sich gerade dort hielten, ist kein Zufall. Hier gibt es noch Kiefern, die Heidelbeer- und anderen Zwergsträuchern Licht zum Wachsen lassen. Zudem finden sich verschieden alte und ungleich hohe Baumbestände, die die Waldhühner zur Deckung und zum Schlafen brauchen. Ungünstig wirken sich die gegen Wildfraß errichteten Zäune aus. Sie führen mit zum Aussterben der Waldhühner.

Bereits im März – spätestens aber im April – konnte man vor noch nicht allzulanger Zeit in den Spessartwäldern frühmorgens ein imposantes Naturschauspiel erleben: die ›Hahnenbalz‹, worunter Jäger und Ornithologen die Balz des größten deutschen Waldhuhns, des Auerhuhns, verstehen.

Noch vor Sonnenaufgang, bei Mondschein sogar mitten in der Nacht, singt der Urhahn – wie der Auerhahn auch genannt wird – auf einem hohen Baum sein Minnelied. Es besteht aus einer Aneinanderreihung schnalzender Töne, die am Schluß im Zustand höchster Erregung unter Flügelschleifen in einem weithin vernehmbaren ›Hauptschlag‹ gipfeln und von einem wetzenden, schleifenden Geräusch beendet werden. Dabei sträubt der Hahn sein Gefieder, um mit Hilfe dieses Imponiergehabes seinen Rivalen gegenüber noch größer zu erscheinen und Stärke zu demonstrieren.

Ab Mitte April finden sich dann zur Zeit der Hochbalz auch die Hennen auf dem Balzplatz ein, und der Hahn führt nach Sonnenaufgang seinen Balzgesang am Boden weiter, wobei er weithin hörbare Flattersprünge unter donnerndem Flügelklatschen macht. Es ist ein gewaltiges Schauspiel und ungleich eindrucksvoller als etwa das zarte Pfeifen des Haselhahns im Frühling oder Herbst im dichten Unterholz.

Dieses kleinste Waldhuhn lebt im Gegensatz zum Auerhuhn in Einehe und verteidigt daher im ganzen Jahr sein Revier gegen Artgenossen. Geschickte Beobachter können durch Nachahmen dieses Pfeifens oder ›Spissens‹, wie es die Jäger nennen, den Haselhahn auch heranlocken. Das hat so manchem das Leben gekostet.

Aufregender und lebhafter dagegen ist die Balz des Birkhahns, des dritten Genossen unter den heimischen Rauhfußhühnern, der einst auch den Spessart bewohnte. Birkhühner haben wie Auerhühner Gemeinschaftsbalzplätze, auf denen regelrechte Spektakel unter den Hähnen ablaufen: Zischen, Fauchen, Kullern, Flattersprünge, Drohgebärden und Raufereien sind an der Tagesordnung, und es ist ein unvergeßlicher Frühlingsmorgen für den, der diese Birkhahnbalz einmal miterleben durfte.

Noch vor hundert Jahren bewohnte das Auerhuhn alle größeren und zusammenhängenden Waldungen Nordasiens, Skandinaviens und Mitteleuropas. Auch im Spessart war es reichlich vertreten. Inzwischen lebt hier nur noch etwa ein Dutzend Auerhühner in einem einzigen

Beobachtungen
Zäune

Drahtzäune, zum Schutz von Forstkulturen gegen Wildverbiß installiert, sind für Waldhühner verhängnisvoll, da sie von anfliegenden Hühnern nicht gesehen werden. Der Aufprall endet meist infolge Genickbruchs tödlich. Oft werden die verunglückten Vögel von Fuchs und Marder aufgelesen und ihnen zu Unrecht als Jagdbeute angelastet. In Revieren, die mit vielen Zäunen versehen sind, haben Auerhühner keine Überlebenschancen. Zu hohe Wildbestände können somit am Aussterben der Waldhühner erheblichen Anteil haben.

Rechts: Die lichtdurchlässige Kiefer garantiert den für das Überleben von Auerhühnern im Spessart notwendigen üppigen Unterwuchs. Eine weitere Voraussetzung ist ein mehrstufiger Bestand aus Altbäumen mit natürlicher Verjüngung.
(Foto: Stein)

Rückzugsareal des hessischen Nordspessarts. Das Aussterben dieses Restbestandes ist noch für dieses Jahrzehnt zu befürchten. Was ist geschehen? Welche Ursachen haben jenen Niedergang dieses imposanten Waldhuhns und seiner kleineren Verwandten, des Birk- und Haselhuhns, ausgelöst? Kann man das restlose Aussterben noch verhindern? Daß hierbei bezüglich der verbliebenen Restpopulation keinerlei Ortsangaben gemacht werden können, wird wohl jeder Naturfreund verstehen.

Bisher war man der Meinung, daß die forstwirtschaftlichen Eingriffe in den Lebensraum der Rauhfußhühner die Hauptursache für ihr Verschwinden sei. Für unsere Bereiche trifft das sicher auch in hohem Maße zu. Auffallend ist jedoch, daß die Bestandszusammenbrüche in ganz Mitteleuropa unabhängig vom vorherrschenden Waldtyp übereinstimmend mit bestimmten klimatischen Veränderungen einhergingen. Mit Sicherheit hat man dagegen den Einfluß von Fuchs, Marder und Habicht auf die Rauhfußhühner weit überschätzt.

Rauhfußhühner haben ihr Verbreitungsoptimum in Klimazonen, die warme und möglichst trockene Sommer sowie strenge und schneereiche Winter aufweisen. Warme und trockene Frühjahrs- und Sommerperioden entscheiden über den Bruterfolg bei den Waldhühnern. Die jungen Küken werden bei einem Kälteeinbruch etwa im Mai oder Anfang Juni innerhalb von wenigen Stunden unterkühlt und fallen in eine tödlich endende Kältestarre. Sie setzt schon bei neun Grad Celsius ein!

Die Sommertemperaturen sind in kontinentalen Gebieten erheblich höher als in Mitteleuropa. Selbst im Juli beträgt die Monatsdurchschnittstemperatur in den höheren Berglagen des Spessarts nur 12 bis 14,5 Grad. In Ostsibirien liegen sie bei 17,5 Grad! Abgesehen davon fällt im Spessart auch noch die vierfache Regenmenge.

Die ausgewachsenen Vögel vertragen keine Regenperioden im Winter, wie sie im west- und mitteleuropäischen Klimabereich durch den Einfluß des Meeres häufig sind. Nasses Gefieder bewirkt Unterkühlung. Ihr sind sie in ihren Hauptverbreitungsgebieten nur einmal während der Schneeschmelze im Frühling ausgesetzt.

Unsere Auer-, Birk- und Haselhühner leben also im klimatischen Grenzbereich ihres Gesamtareals. Man weiß, daß an solchen Arealgrenzen oft schon

Links: Der schwarzkehlige Haselhahn lebt sehr versteckt. Er ist der kleinste Vertreter der Rauhfußhühner in Mitteleuropa.
(Foto: Stein)

Oben: Zur Bodenbalz im Frühjahr benötigt der Auerhahn kleine, bodenkahle Waldpartien.
(Foto: Walz)

minimale Klimaschwankungen genügen, um Tier- und Pflanzenarten zu gefährden.

Eine solche Veränderung erleben wir in Mitteleuropa seit 1951: Die Sommer wurden kühler und feuchter und die Winter milder und regenreicher. Die Jahre 1959, 1963, 1966, 1971, 1976 und die beiden letzten Jahre 1982 und 1983 waren die Ausnahmen in diesem Trend. Seit dem Jahr 1951 sanken die Auerhuhnbestände im Spessart auf fünf Prozent der Ausgangszahlen ab.

Für die Waldhuhnarten spielten die Beschaffenheit des Waldes sowie das Vorhandensein bestimmter Pflanzen als Nahrungsbasis eine bedeutende Rolle. Während Hirsch und Reh praktisch in jeder Waldform und von allen Baumarten leben können, stellen Rauhfußhühner sehr spezifische Lebensraumansprüche: Ihre Nahrungspflanzen am Boden, vor allem Heidelbeersträucher und andere Zwergstraucharten, müssen in möglichst hohem Deckungsschutz von Unterholz oder Jungbäumen angeboten werden. Eine räumliche Trennung von Nahrungsraum und Deckung ist von Rauhfußhühnern nicht verkraftbar.

Hohe Bäume dienen dem Aufenthalt am Tag und in der Nacht und sind zum Balzen erforderlich. Sie bieten zudem Schutz vor Regen und sorgen bei hoher Schneedecke im Winter für die Ernährung in Form von Knospen und Nadeln.

Solche Biotopmuster bot der vom Menschen weitgehend unbeeinflußte Naturwald im hohen Alter, wenn sich im Schutz von Altbäumen eine neue Baumgeneration einstellte.

Die vertikale Verzahnung verschieden alter Bäume dauerte in diesem Verjüngungsprozeß oft viele Jahrzehnte, ganz im Gegensatz zu den heute meist üblichen, abrupten Übergängen von Altbestand zu Jungwuchs nach flächenhaften Holznutzungen.

Der einzige Hoffnungsschimmer hinsichtlich geeigneter Biotopstrukturen verspricht der punktuell von Forstleuten begonnene Weg des allmählichen Bestockungsumbaus: Einschichtige und gleichaltrige Bestände werden in mehrschichtige und ungleich alte umgestaltet.

Diese Maßnahmen wurden in einem einzigen hessischen Forstamt des Nordspessarts bereits vor Jahren durchgeführt, und es entstanden in der Zwischenzeit bereits recht vielseitige und für Auerhühner attraktive Lebensräume. So ist es kein Wunder, daß sie sich hier gehalten haben. Dieser Forstamtsbereich ist zum anschaulichen Musterbeispiel für Auerhuhn-Ökologen geworden, da die letzten Spessarthühner in ihm überlebt haben, während sie in benachbarten Revieren trotz gleicher standörtlicher Gegebenheiten längst ausgestorben sind.

Noch nicht ideal für Auerhühner

Doch dauert bekanntlich in der Waldwirtschaft jede Veränderung lange. Noch sind hier in diesem letzten Hahnenrevier des Spessarts zu viele einschichtige, ›auerhuhnfeindliche‹ Bestände vorhanden. Ob die verbliebenen Auerhühner diese Durststrecke in Anbetracht der klimatisch bedingten Talfahrt überstehen werden, ist sehr zweifelhaft.

Es kommt noch ein weiterer, ernster negativer Tatbestand hinzu: Die Kiefer, die seit fast zweihundert Jahren zur Wiederaufforstung angebaut wurde, hat im Spessart keine Zukunft mehr. Sie wird durch Fichte und Douglasie ersetzt, in der Regel nach vorherigem Kahlschlag. So entstehen für Auerhühner ungünstige, gleichaltrige Reinbestände, die bestenfalls in 80 bis 100 Jahren bei der nächsten Verjüngung biotopfähig werden.

Dieser Prozeß dauert schon lange, und es zeigt sich immer deutlicher, wie die bodenkahlen und dichtbestockten Fichtenkomplexe zu isolierenden Riegeln zwischen den spärlich gewordenen Kiefern-Altholzresten aufgewachsen sind. Aber nicht nur der Isolationseffekt zeigt sich zunehmend negativ: Die Heidelbeerflächen werden durch zunehmenden Lichtmangel drastisch reduziert. Nur die Kiefern lassen genügend Licht zu ihrem

Rechts: Die Ablösung eines ›auerhuhnfähigen‹ Kiefernbestandes durch großflächige, gleichartige Fichtenkulturen führt zu dunklen und sterilen Wäldern, aus denen ökologisch anspruchsvolle Vögel, wie das Auerhuhn, verschwinden.
(Foto: Stein)

Links: Im Gegensatz zum dunklen Hahn ist die Auerhenne mit ihrem lebhaft gefleckten, bräunlich-weißem Federkleid mehr an das Leben am Waldboden angepaßt.
(Foto: Heinzelmann)

Oben: Gut getarnt ist die brütende Auerhenne gegen zahlreiche Feinde. Ihr Gelege besteht aus fünf bis zwölf Eiern.
(Foto: Müller)

Gedeihen durch. Schon mittelalte Bestände ermöglichen jene günstigen Lebensvoraussetzungen für Waldhühner.

Kiefern gibt es im Spessart übrigens erst seit knapp 200 Jahren. Man sah in ihrem Anbau den einzigen Weg zur Wiederbewaldung der durch maßlose Übernutzungen geschädigten ehemaligen Laubwaldstandorte.

Zur Zeit der schlimmsten Waldzerstörung, um das Jahr 1830, kam daher von den drei heimischen Rauhfußhühnerarten das Birkhuhn am häufigsten vor, weil es offene Standorte bevorzugt. Im Gefolge der Wiederbewaldung starb es aus, und das Auerhuhn erlebte mit dem Aufwachsen der Kiefern im vorigen Jahrhundert eine Blütezeit. Solange noch genügend Weichhölzer, wie Birke, Weide und Erle, mit aufkamen, bewohnte auch das Haselhuhn den Spessart.

Die Auerhühner sind somit unter den Waldhühnern die letzten Zeugen der wechselvollen Geschichte unserer Spessartwälder.

Frauenmantel
(Foto: Schmelzenbach)

Arbeitsaufwendig und heute selten
FEUCHTBIOTOPE UND ›KLÄRANLAGEN‹ ZUGLEICH

Man könnte denken, umweltbewußte Bürger hätten die Wässerwiesen jüngst ersonnen, so ökologisch sinnvoll sind sie. Doch ganz im Gegenteil. Es gibt sie schon lange, sie verschwinden langsam aus dem Landschaftsbild. Dabei können sie bis zu siebenmal gemäht werden, halten das Wasser gut, das sonst ungenutzt abläuft, schaffen Feuchtbiotope für alle möglichen Amphibien und Insekten und klären das Wasser mit Hilfe von Bakterien. Das in der Bundesrepublik vielleicht größte Vorkommen der Schachblume ist gefährdet.

Alle Bereiche des Spessarts – Bergrücken, Hänge und Täler – wären von Natur aus bewaldet. Wo wir heute anstelle von Wald andere Pflanzenbestände antreffen, können diese sich gegenüber der naturwüchsigen Pflanzendecke nur dank der Maßnahmen des Menschen behaupten. Ohne Sense keine Wiese, ohne grasendes Vieh keine Weide!

Als besonderer Wiesentyp entstand in einigen deutschen Landschaften in vergangenen Jahrhunderten die ›Wässerwiese‹. Hauptsächlich die Gegend um Siegen ist seinerzeit für solche Wiesen bekannt geworden, zumal dort auch eine der zahlreichen Wiesenbauschulen entstanden war. Deshalb ist bei Fachleuten der Landeskultur heute noch der Ausdruck ›Siegener Rückenwiesen‹ recht geläufig.

Aber Wässerwiesen gab es auch in vielen anderen Landschaften, so auch im Spessart. Vermutlich sind sie unabhängig voneinander entstanden. Wässerwiesen wurden in leicht geneigten Talbereichen eingerichtet, wo der Untergrund ausreichend durchlässig und aus Gestein hervorgegangen war, das wenig Pflanzennährstoffe bot. Weiterhin war ein gut wasserführender großer Bach oder Fluß vonnöten.

Im Spessart wurden zuerst die Bergrücken und -flanken mit ihren Buchen- beziehungsweise Buchen-Eichen-Wäldern teils gerodet, teils als Wegeland, Holzung oder Hutung genutzt. Dabei wird es sehr bald zu Schäden an der Vegetationsdecke gekommen sein. Wird nämlich der sandige, schlecht wasserhaltende Untergrund mit seiner dünnen Humusauflage der Austrocknung, Auswaschung und Auswehung preisgegeben, so kommt es bald zur Verkümmerung von Boden und Vegetation; Bleicherden (Podsole) entstehen, Heide ersetzt den Wald.

Die kaum geschützte Bodenkrume an den stark geneigten Hängen ist leicht abzuspülen. In immer tiefer eingeschnittenen Kerben rinnt und strömt das Wasser mit seiner Schwebstofffracht zu Tal und reißt Sand, Kies und Geröll mit sich.

Der zuvor schmale Abflußbereich für das Wasser an der Talsohle hatte ausgereicht, solange die Niederschläge vom dichten Wald aufgefangen, gespeichert und erst allmählich an die tieferen Lagen weitergegeben worden waren. Nun war er immer größer geworden. Große Wassermengen bei Starkregen und nach der Schneeschmelze flossen fast ungehindert bergab.

Wo das Gefälle in der Talsohle geringer war, strömte das Wasser langsamer. Sinkstoffe setzten sich ab, und die Aue wurde immer breiter. Eine mächtige Auflage aus feinerdig-sandigem relativ fruchtbarem Boden war zusammengeschwemmt worden, und ein Sumpfgelände entstand, durch das sich das Wasser in zahlreichen Gerinnen seinen gewundenen Weg suchte. So war dieser Bereich mit seinen Erlen- und Weidenbeständen nunmehr der wie ein Schwamm das Wasser haltende Landschaftsteil.

Die Aue hatte die Rolle des feuchtigkeitsspeichernden Waldes an den Hängen und auf den Bergrücken übernommen. Mit ihrem dichten Bewuchs hinderten die Auen den Verkehr, der auf Höhenwegen abgewickelt wurde. Sie waren nicht ackerfähig und für die Jagden nicht attraktiv. Es gab daher kaum Konfliktstoff, als die Spessartbewohner diese Grundstücke zu nutzen anfingen, denn hier wurden keine Interessen der sonst eifersüchtig ihre Vorrechte wahrenden Landesherren berührt.

Wie in vielen ähnlich ungünstigen Situationen schufen auch in diesem Fall Generationen in zäher Handarbeit ein langfristig bestandsfähiges und landschaftsverträgliches Landnutzungssystem, das allerdings außerordentlich viel Handarbeit

Rechts: Die dachförmige Struktur einer Rückenwiesenanlage im Nordspessarttal sowie die Be- und Entwässerungsgräben sind gut erkennbar. Vorm Waldrand läuft der zur Rückenwiese gehörende Bach.
(Foto: Hemm)

erforderte. Arbeitserleichternde Maschinen konnten dabei nicht eingesetzt werden, ja – abgesehen von besonderen Ausnahmen – es konnten nicht einmal Zugtiere verwendet werden.

Zudem war es ein Gemeinschaftswerk mit ähnlich bindenden Pflichten zur harmonischen Zusammenarbeit wie der Deichbau an der Küste. Sein Bestand war somit auf das gleichgerichtete Interesse und Handeln aller Dorfbewohner gegründet.

Zur Bewässerung erhielt der Bach oder Fluß ein Wehr, an dem ein Wässer- oder Flutgraben beziehungsweise Überlaufgraben abzweigte. Für den ersten der beiden Bewässerungstypen wurde dieser blind endende oder mit einem Wehr abgesperrte Graben eine längere Strecke mit nur schwachem Gefälle am Hang entlanggeführt. Das einströmende Wasser staute sich und lief über die Ränder in den Wiesengrund hinunter und wurde dort von Entwässerungs- oder Abflußgräben aufgenommen, die weiter talab in den Bach oder Fluß mündeten.

Diese sogenannte Hangbewässerung war im Nordspessart weit verbreitet. Wesentlich komplizierter war die im zentralen Spessart übliche zweite Form, die Rückenbewässerung. Hierbei führten die Flutgräben in zahlreichen Abzweigungen auf eine Reihe von Geländeparzellen, die wie Dächer geformt waren, auf deren Firsten Überlaufgräben verliefen, die wie im ersten Fall blind endeten. An den Traufrändern der ›Dächer‹ befanden sich Entwässerungs-(Trocknungs-)Gräben, die das über die Ränder der Flutgräben auf die ›Dachschrägen‹ rieselnde Wasser aufnahmen und wiederum weiter talab in den Bach oder Fluß abführten.

Mit großer Geschicklichkeit sind diese Anlagen errichtet und unterhalten worden. Nirgends durfte das Wasser zu schnell fortlaufen und den Boden abspülen, nirgends stauen.

Bald nach dem Abtauen des Schnees – und auch schon im Herbst zuvor – begann die Arbeit an den Wässerwiesen. Die Gräben wurden sorgfältig ausgeräumt und an den Kanten glattgestochen. Dazu gab es besondere Geräte, wie Grabenbeil und Wiesenspaten. Die Wiesenwaage brauchte man zur Kontrolle des Gefälles, den Grabenschlitten zum Abtransport überschüssiger Erde. Das ausgehobene Material kam in kleine Dellen, Löcher und Wagenspuren.

Dann wurde das Wasser zugeleitet, wobei mit gerade oder schräg in die Gräben gesteckten Brettern der Zufluß geregelt wurde.

Links: Das konkurrenzstarke, aber schnittempfindliche Mädesüß bildet nach dem Brachfallen der Wässerwiesen große Bestände.
(Foto: Schmelzenbach)

Oben: Die Schafstelze ist eine in Hessen bedrohte Brutvogelart.
(Foto: Walz)

69

Schachblumen

Sie wächst leider nur noch an wenigen Stellen: die Schachblume. Wenn sie allerdings wechselfeuchte, zeitweise überschwemmte Wiesen, wie Wässerwiesen beispielsweise, findet, dann hat man den Eindruck, sie würde regelrecht angebaut. Im allgemeinen sind die Blütenbecher purpurbraun und weißlich gewürfelt. Die Längsadern leuchten purpurrot. Gelegentlich mischen sich in den Bestand weiße Mutanten mit gelblicher Aderung.
Durch unverantwortliches Ausgraben ist dieses zauberhafte Liliengewächs an vielen Stellen ausgerottet worden. Man kann nur hoffen, daß ihr Standort im Spessart nicht durch unsinnige Maßnahmen vernichtet wird.
(Foto: Bünnecke)

Das Wasser mußte langsam rieseln und alle Flächen gleichmäßig erreichen. Nach einer bestimmten Zahl von Tagen wurde mit der Berieselung aufgehört, so daß das nunmehr völlig durchfeuchtete Gelände nach und nach wieder abtrocknete, denn schließlich wollte man schon im April das erste Mal Grünfutter schneiden.

Später im Jahr, wenn man an die Mahd für die Heuernte dachte, war Bodenfeuchtigkeit natürlich noch weniger angebracht, so daß zum Sommer hin die Bewässerung ausgesetzt wurde. Meistens hatten mehrere Bauernfamilien in einem Wässersystem ihre Wiesen. Sie waren gemeinsam vom ordnungsgemäßen Betrieb der Gesamtanlage abhängig. Deshalb hat es schon früh Wässerordnungen gegeben, die den Betrieb, die Instandhaltung und die Wässerzeiten für alle Beteiligten verbindlich festsetzten.

Wässern fördert Wachstum im Frühjahr und sorgt für Düngung

Das Wässern fördert den Wuchs der Wiese durch Erwärmung und Düngung. Im Spätwinter und Vorfrühling sind im Spessart Quellen und Bäche deutlich wärmer als der Boden. Man sieht das an den Lücken der Schneedecke über Quellfluren und Grundwasseraustritten sowie am Rand von Bächen. Im zeitigen Frühjahr kommt deshalb mit dem Wasser auch Wärme auf die Wiesenflächen, so daß sich die Pflanzen früher entwickeln können als anderswo. Deshalb kann schon ab Ende April gemäht

Es ist immer wieder erstaunlich, daß in nahezu nährstofffreien Fließgewässern Algen und andere Pflanzen wachsen. Das ständig vorbeiströmende Wasser bringt zwar wenig Nährstoffe, diese aber regelmäßig mit. Jene geringen Mengen von Nährstoffen reichern sich in den Pflanzen an. Da der Wässerwiesenbetrieb Wasser in stetem Fluß durch die Pflanzendecke leitete, ergab sich eine Düngung nach demselben Prinzip.

Dank der Bewässerung war Futter für eine relativ umfangreiche

Oben: Der Flußkrebs ist in den heute leider nicht mehr so sauberen Spessartbächen selten geworden.
(Foto: Wothe)

werden, und so wurden insgesamt fünf, ja zuweilen gar sieben Schnitte im Jahr möglich.

Die Bäche und Flüsse führen außerdem Nährstoffe mit sich, die das Wasser an den Hängen ausgewaschen hat oder die aus den Siedlungen zugeleitet werden. Zwar lagen vor der Einführung von Haushalts- und Agrarchemikalien wegen der mineralstoffarmen Spessartböden die Nährstofffrachten sehr niedrig, doch darf ihre düngende Wirkung nicht unterschätzt werden.

Stallviehhaltung verfügbar. Neben ihrer großen Bedeutung für den bäuerlichen Betrieb und seine Versorgung spielten die Wässerwiesen eine große Rolle in der Landeskultur. Wo solche Anlagen bestanden, wurde das Wasser nicht einfach aus der Landschaft abgeleitet – wie heute noch weithin, trotz der offenkundigen Nachteile dieser Entwicklung! –, sondern im Gebiet gehalten und behutsam und sorgfältig genutzt.

Für die Wasserqualität im Vorfluter war das ebenfalls vorteilhaft, denn die verschiedenen Abfallstoffe des Bauernhofes, die seit Menschengedenken in den Dorfbach gelangt sind, wurden im System der Wiesenbewässerung teilweise ›aufgearbeitet‹. Die große Oberfläche und die vielen Poren und Kapillaren schafften Ansiedlungsmöglichkeit für Bakterien und abwasseraufbereitende Tierchen. Sie machten aus den Wässerwiesen eine Art Kläranlage.

Darüber hinaus waren die Wässerwiesen in der damaligen Kulturlandschaft des Spessarts sehr wichtige Lebensräume zahlreicher Pflanzen- und Tierarten, denn sie boten auf beachtlicher Fläche eine Vielfalt von Nicht-Wald-Biotopen mit eigenen Lebensbedingungen, vor allem Feuchtgebiete, die in Sandbödenregionen immer nur hin und wieder vorkommen.

Für die Pflanzen waren wie bei allen Mähwiesen Zeitpunkt und Häufigkeit des Schnittes neben dem Wasser- und Nährstoffgehalt des Bodens entscheidende ökologische Faktoren. Nur wer die Mahd erträgt oder seine Entwicklung zwischen die Wiesenschnitte eingliedern kann, hat hier eine Überlebenschance. Das gilt bei Wässerwiesen ganz besonders, da so oft gemäht wird. Pflanzen, die diesen Eingriff ertragen, können dies auf verschiedene Weise bewerkstelligen. Klee- und Hahnenfußarten zum Beispiel treiben nach Verletzung schnell wieder aus und entwickeln Ersatzsprosse. Andere, wie die meisten Gräser,

halten sich dank ihrer großen vegetativen Vermehrungskraft unter Verzicht auf die Samenbildung, wozu oft die Zeit zwischen den Schnitten nicht reicht.

Auf den Rücken der Wässerwiesen wuchsen vor allem zahlreiche Echte oder Süß-Gräser. Besonders häufig waren Wiesen-Fuchsschwanz, Wolliges Honiggras und Wiesen-Knäuelgras, dazu Rot- und Wiesen-Schwingel, Wiesen-Lieschgras, Glatthafer, Goldhafer, Wiesen-Rispengras und andere. Sie alle

Links: Der mit Kuckucks-Lichtnelken, Seggen und Sumpf-Vergißmeinnicht besetzte Wiesengraben zeugt ebenso wie die kleine Steinbrücke im Hintergrund von der ehemaligen Wässerwiesenwirtschaft.
(Foto: Hemm)

bilden nach jedem Schnitt Ersatzsprosse. Ihre Knospenanlagen sitzen so tief, daß sie von der Sense nicht erreicht werden.

In ähnlicher Weise treiben auch Sauer-Ampfer, Scharfer Hahnenfuß, Kuckucks-Lichtnelke, Sumpf-Hornklee, Wiesen-Klee, Wiesen-Platterbse und eine Reihe weiterer Wiesenblumen aus ihren unterirdischen Wurzelstöcken heraus neu aus, oder es entstehen Ersatzsprosse aus ›Augen‹, Knospen am abgeschnittenen Stengelstumpf, wie

Oben: Die Kuckucks-Lichtnelke ist eine Charakterpflanze der Wässer- und Feuchtwiesen des Spessarts.
(Foto: Hofmann)

Links: Das Wollige Honiggras war eines der häufigsten Gräser der Wässerwiesen. Es kann sich auch auf den nicht mehr genutzten Wiesen gut behaupten.
(Foto: Schmelzenbach)

Wasserhahnenfuß

Dieser Wasserfrosch genießt die Blütenpracht des Wasserhahnenfußes. Die weißen, blumenblattartigen Blätter sind Honigblätter, die an der Basis eine Honiggrube haben. Der Wasserhahnenfuß ist gut an die Lebensweise in stehenden und langsam fließenden Gewässern angepaßt. Neben drei- bis fünfteilig gespaltenen Schwimm- und Assimilationsblättern besitzt er haarförmig zerteilte Wasserblätter, mit deren Hilfe er im Wasser gelöste Nährsalze aufnimmt. Er blüht in der Zeit von Juni bis September. (Foto: Bünnecke)

bei der Wiesen-Glockenblume. Auch Schlangen-Knöterich, Großer Wiesenknopf und Wiesen-Schaumkraut gehören aufgrund ihrer guten Regenerationsfähigkeit zu den häufigsten Wässerwiesenpflanzen.

Demgegenüber schloß diese Art der Bewirtschaftung manche Grünlandarten, wie die Hohe und Wiesen-Schlüsselblume, aus, die auf normalen zweischürigen Wiesen gemein sind und die dort leben können, weil sie bis zur ersten Mahd im Juni ihre vegetative Entwicklung abgeschlossen und die Samen zur Reife gebracht haben. Auch die Herbst-Zeitlose, die nach dem zweiten Wiesenschnitt erst blüht und im Folgejahr vor der Heuernte fruchtet, fehlt auf den Wässerwiesen. Desgleichen sucht man vergeblich nach Arten, die sich zwischen dem ersten und zweiten Schnitt zu entwickeln pflegen, wie beispielsweise der Bärenklau.

Unten: Die Blüten des Großen Wiesenknopfes stehen in länglichen Köpfchen zusammen. Er kommt in feuchten Tal- und Bergwiesen häufig vor.
(Foto: Wothe)

Trotz des häufigen Schnitts: artenreiche Tier- und Pflanzenwelt

Trotzdem waren die Täler mit ihren Rückenwiesen blumenbunt und von artenreichem Tierleben erfüllt. Die Grabensysteme boten zusätzlichen Lebensraum. An den Grabenrändern kamen die Bachufer- und Naßwiesenvertreter gut voran, so Sumpfdotterblume, Sumpf-Schachtelhalm, Bitteres Schaumkraut, Brunnenkresse, Brennender Hahnenfuß, Waldsimse oder auch verschiedene Binsenarten. In den größeren Gräben fluteten im Wasser dichte Bestände von Wasserstern und Wasser-Hahnenfuß, übersät von weißen Blütensternen. Auch die Sumpf-Schwertlilie mit ihren imposanten gelben Blüten säumte viele Ränder.

In den Gräben wimmelte es von Kleinlebewesen, voran die Wasserinsekten, wie Larven von Eintags-, Köcher- und Steinfliegen unter vielen anderen.

Manche der kleinen Flüsse mit ihrem immer wieder geklärten Wasser und vorzüglichen Fischbeständen, vor allem von Bachforellen und Äschen, waren bekannt für ihre Flußperlmuscheln.

Die Aufzweigungen und Verästelungen der Bewässerungs- und Trocknungsgräben dienten den Bewohnern der Hauptwasserläufe als Laichbereiche und Stätten der Produktion von Futtertieren. Sie alle bildeten die Nahrungsgrundlage für die in reicher Arten- und Individuenzahl vorkommenden Frösche und Molche. Diese waren ihrerseits Nahrung für Ringelnattern und verschiedene Vogel- und Säugetierarten. Deshalb schätzten auch Wasserspitzmaus, Bisamratte und Iltis die Rückenwiesen. Regelmäßig rasteten nicht nur Störche, sondern viele andere Wat- und Sumpfvögel auf dem Zug in den Spessarttälern. Graureiher waren zuverlässige Gäste, desgleichen Bekassinen sowie Stock- und Krick-Enten.

Zu diesen Tieren gesellten sich Landinsekten, die in den Blüten Nektar oder im Kraut der vielfältigen Vegetation Futter für die Larven fanden; dasselbe gilt für Pflanzensauger und Blattminierer trotz deren Verfolger, wie Spinnen und Käfer, Raubwanzen und Hautflügler.

Von dieser wimmelnden und prächtigen Vielfalt gibt es heute nur noch kümmerliche Reste.

Der Bestand der Wässerwiesen setzt den Bestand der dörflichen Lebens- und Arbeitsgemeinschaft voraus, die jedoch nach dem Zweiten Weltkrieg zerbrach, als für die Klein- und Nebenerwerbslandwirte die Industrie im Rhein-Main-Ballungsraum durch die Motorisierung erreichbar wurde. Sie gewährleistete sichere Einkommen.

Sozialbrache breitete sich im ganzen Spessart aus, und die Wässerwiesen mit ihrer arbeitsintensiven Bestellung waren zuerst betroffen. Es genügte, daß einer aus der Gemeinschaft ausschied, um den Gesamtbetrieb auf großer Fläche abzubrechen. Heute sind weite Teile bei der Flurbereinigung spurlos beseitigt worden. Auf anderen sprießen Seggen und Sumpfkratzdisteln, Weiden- und Faulbaumdickichte folgen.

Wo ehedem Reiher fischten, Frösche laichten und Falter und Libellen flogen, stehen dunkle, unterwuchsfeindliche Fichten. Wo das Vieh auf den ehemaligen Wässerwiesen weidete, wurde die Bodendecke zerstört, das Gelände stark überdüngt und die Be- und Entwässerung gestört.

Brachliegende Bereiche sind dem Aufbau neuer Lebensgemeinschaften überlassen, wobei die Flächen teils verlanden, teils versumpfen. Die Pflanzenwelt ist dementsprechend grundlegend verändert.

Wenn der Schnitt ausbleibt, bestehen andere Konkurrenzverhältnisse, so daß Seggen und Binsen das Terrain erobern, voran die Zittergras-Segge und die Waldsimse, deren Bestände entweder rein bleiben oder durchsetzt werden von Wasserschwaden und Mädesüß. Außerhalb dieser ziemlich einförmigen Gras- und Staudenfluren haben sich auch typische Sumpf- und Moorgewächse eingestellt, darunter bestandsbedrohte Arten wie Breitblättriges Knabenkraut, Schmalblättriges Wollgras, Blasen-, Schnabel- und Grau-Segge oder auch der Fieberklee. Die letzteren besiedeln die verlandenden Gräben. Im ›Sinngrund‹ gibt es das vielleicht größte Schachblumenvorkommen in der Bundesrepublik. Ihre Entwicklung in der Talaue ist an die traditionelle Bewirtschaftung geknüpft. Ihr Überleben ist stark gefährdet durch Flurbereinigung und andere Wirtschaftsformen.

Bei der allgemeinen Tendenz, die landwirtschaftlichen Flächen nach betriebsdienlichen Grundsätzen herzurichten, ist es sehr schwer, für die früher in den Wässerwiesen beheimateten Pflanzen- und Tierarten Ersatzbiotope bereitzustellen.

Viele Pflanzen- und Tierarten des Spessarts, die auf Feuchtgebiete angewiesen sind und die in der alten Kulturlandschaft der Wässerwiesen vorzügliche Sekundärbiotope fanden, sind vom Aussterben bedroht. Maßnahmen zu ihrem Schutz sind sehr viel dringlicher als strukturfördernde Bemühungen für die Landwirtschaft.

Oben: Zwischen den Blättern des Sumpf-Wassersterns scheint sich der Wasserfrosch besonders wohlzufühlen.
(Foto: Schmelzenbach)
Links: Den bundesweit stark gefährdeten Bekassinen boten die Wässerwiesen Lebensraum.
(Foto: Walz)

Haubenmeise
(Foto: Limbrunner)

Pflanzen und Tiere der Täler und Brachen

VON DER ACKERWITWENBLUME ZUM ZILPZALP

Noch herrscht reges Leben in den Spessarttälern. Habicht und Sperber sorgen für Unruhe in der reichen Vogelwelt. Sogar alle vier Molcharten lassen sich finden. Sowohl die gebänderte als auch die gefleckte Rasse des Feuersalamanders kommen nebeneinander vor. Der Wasserfrosch ging sogar als der ›Blaue Frosch von Kahl‹ in die Literatur ein.

Die sonnenreichen Brachen bieten ein buntes Spektrum von Pflanzen und Tieren verschiedenster Herkunft.

Scharf zerschneidet die Autobahn E 5 von Frankfurt nach Nürnberg diagonal von Nord-West nach Süd-Ost eines der größten geschlossenen Waldgebiete der Bundesrepublik zwischen dem im Viereck gewundenen Lauf des Mains. Von Aschaffenburg aus leitet sie den Autofahrer immer tiefer in das dicht bewaldete Gebirge, das nur selten den Blick freigibt auf eines der Spessarttäler mit seinen Bächen.

Diese Täler sind die geheimen Tips für Wanderer, Naturfreunde und Biologen, die auf der Suche nach unverbrauchter Natur sind. Über dem Höhenkamm des zentralen Sandsteinspessarts, etwa über den Rothenbucher, dem Krausenbacher und dem Altenbucher Forst mit Höhen über 500 Meter um den Geiersberg, scheinen sich die Wolken auszuschütten, und die hohen Niederschläge versorgen eingeschnittene Bachsysteme, die nach allen Himmelsrichtungen abfließen. Fast gestreckten Laufs fließen sie dem Main zu und machen das Bild einer Windrose aus, die, von Norden ausgehend im Uhrzeigersinn, durch Namen markiert ist, wie Lohrtal, Täler des Rechtenbach, der Hafenlohr mit Heinrichsbach, Haslochbach, Aubach, Röllbach, Elsava, Eichelsbach, Sulzbach, Gailbach, Aschaff, Kahl und Bieber. Dabei sind die nach Osten gerichteten Bäche von guter Wasserqualität und biologisch von besonderem Wert.

In den Spessarttälern öffnet sich das geschlossene Dach des Waldes ein wenig, und durch die ›Fensterspalte‹ trifft sich das Sonnenlicht mit dem schnell dahinfließenden Wasser der Bäche. Früher waren die Täler mit Auwäldern aus Eschen und Schwarzerlen bestanden, von denen wir heute nur noch geringe Reste vorfinden. Später waren sie mit ihren Wiesenflächen und einem ausgeklügelten Bewässerungssystem Grundlage für eine geringe, ertragreiche Milchviehwirtschaft in den Spessartdörfern.

Durch den Ausbau der Bachläufe gelang es, die Stämme dem Main zuzuführen und dort zu Flößen zusammenzubauen. Wenige Forsthäuser und Einödsiedlungen fanden hier ihren Standort. Die Täler waren Leitlinien des Durchgangsverkehrs.

Heute steht in der Nutzung die Naherholung im Vordergrund. Große Ströme von Erholungsuchenden fließen an den Wochenenden und in den Ferien in die Täler, wo das Gefühl des Naturerlebnisses besonders stark wird. Jungviehweiden, Schafweiden, Fischteiche und Anpflanzungen von Christbaumkulturen sind heute andere, zum Teil problematische Nutzungsformen.

Vor allem aber sind sie Lebensräume für Lebensgemeinschaften, die sich hier mosaikartig vernetzen und gegenüber benachbarten Anbaugebieten als Artenrefugien zu betrachten sind. Ihrer Erhaltung muß heute die Sorge des Naturschutzes und der Landschaftspflege dienen.

Eine aufmerksame Waldwanderung an einem Frühsommermorgen läßt uns aus dem Gewirr der Vogelstimmen die Bedeutung der Waldtäler für die Erhaltung von Arten erahnen. Nicht weniger als ein Drittel ist heute in Mitteleuropa in seinem Bestand gefährdet.

Schwarz-, Grün- und Mittelspecht sowie Baumläufer und Kleiber

Von den Hängen tönt aus den Buchenwäldern das durchdringende ›Kliöh‹ des Schwarzspechts, der in der alten Rotbuche seine Nisthöhle hat, und das Lachen des Grünspechts. Der Mittelspecht läßt aus dem Hainbuchen-Eichenwald seine quäkenden Rufe erschallen. Buchfink und Amsel, Kohl-, Blau- und Tannenmeise sowie Haubenmeise rufen und singen um die Wette. Kleiber, Wald- und Gartenbaumläufer suchen die Stämme der Waldbäume nach Nahrung ab.

Der monotone ›Hu-ru‹-Ruf der Hohltaube, klingt aus den Altbeständen und verrät, daß diese seltene Taubenart hier noch ihr Verbreitungsgebiet hat. Der Pirol flötet aus den Bäumen des Auenbestandes. Mönchsgrasmücke, Gartengrasmücke, Zilpzalp und Fitis stehen ihm nicht nach.

Auch die forschen Räuber, wie Sperber und Habicht, erzeugen immer wieder zeternde Unruhe unter der Vogelschar. Später ziehen Rotmilan und Schwarzer Milan mit den Bussarden ihre Runden über dem Tal. Längs der Bachläufe entdecken wir Kost-

Rechts: Auf den kalkarmen Böden des Spessarts ist die Buche bestandsbildend.
(Foto: Schmelzenbach)

barkeiten der Vogelwelt: Der Eisvogel schwirrt im schnellen Flug den Bach entlang, und die unruhige Wasseramsel hüpft von Stein zu Stein, verschwindet im Wasser und taucht mit ihrem weißen Kehllatz an unerwarteter Stelle wieder auf. Anschließend sucht sie unter einer überhängenden Uferpartie das Nest mit den unruhigen Jungen auf.

Ganz links: Vor der Laubentfaltung der Buchen entrollt der Wurmfarn seine Blattwedel zwischen den Blüten des Buschwindröschens.
(Foto: Kaiser)
Links: Als Halbschattenpflanze findet sich der Adlerfarn in sauren, artenarmen Wäldern ein. Er verhindert die natürliche Verjüngung des Waldes und ist dem Forstmann sehr lästig.
(Foto: Limbrunner)

Aber der heutige Bestand ist nur ein Rest ehemaliger Artenzahlen. Wenn wir in dem Spessartbuch von Stephan Behlen aus dem Jahre 1823 lesen, verstehen wir erst, was unser Jahrhundert den Lebewesen unserer Umwelt angetan hat. Da lesen wir vom

Vorkommen unserer größten Eule, des Uhus, vor allem ›in den die Sinn begrenzenden Waldungen‹.
Der Kolkrabe, unsere mächtigste Rabenart, wird ganz selbstverständlich erwähnt. Die Blauracke wird mit ihrem kontrastierend blaugrün-braunen Federkleid noch als Strichvogel vermeldet, nachdem sie ehemals sicherer Brutvogel war. Der Wiedehopf ließ sein ›Pu-pu-pu‹ nahe von Viehweiden ertönen.
Das Auerhuhn wird ziemlich häufig aus dem Heinrichstal, aus

Oben: Mit noch gefächertem Flügel übergibt der Grauschnäpper dem brütenden Partner Insektennahrung.
(Foto: Limbrunner)

Bischbrunn und Frammersbach sowie aus Bieber und Burgjoß vermeldet. Damals lebte mit Sicherheit unser kleines Rauhfußhuhn, das Haselhuhn, in den lichteren Laubwäldern der Bergkuppen. Der Weißstorch war im Siedlungsbereich besonders des westlichen Spessarts, während der Schwarzstorch in den Waldtälern anzutreffen war. Wasserralle und Wachtelkönig kamen ebenfalls vor. Wanderfalken siedelten im südlichen Maintalbereich. Baumfalken waren nichts Besonderes. Auf die Graureiher wurden Fang- und Abschußprämien ausgesetzt, desgleichen übrigens auch für Nachweise des Fanges von Fischottern.

Ältere Berichte erzählen sogar noch vom Vorkommen des Waldrapps bis ins 16. Jahrhundert. Es blieb unserem Jahrhundert vorbehalten, einen Artenholocaust zu verursachen, der noch nicht abgeschlossen ist. In diese Situation hineingeboren, empfinden wir sogar Mangel als Vielfalt. Ähnliches läßt sich von fast allen anderen Pflanzen- und Tiergruppen berichten.

Durch die intensiven Arbeiten des Heigenbrücker Kriechtierforschers (Herpetologen) Rudolf Malkmus sind wir gut über die Lurchfauna des Spessarts und seiner Täler informiert. An feuchten Sommertagen treffen

Treffen sich hier: gefleckter und gebänderter Feuersalamander

Hier ist der Übergangsbereich zwischen der westlichen gebänderten Rasse und der östlichen gefleckten. So können wir an manchen Stellen sogar beide Formen nebeneinander beobachten, wenngleich die gefleckte Form häufiger ist. Die Laichplätze sind sowohl unscheinbare, vegetationslose Quellbereiche als auch der Oberlauf strömender Gewässer.

Unter den Molchen kommen sogar alle vier Arten im Spessart vor: Berg-, Faden-, Teich- und Kammolch. Der Spessart ist heute eines der großen Reservate des Fadenmolches, der auch Leistenmolch genannt wird. Er ist ein ›Westeuropäer‹ und bewohnt schwach fließende und kalte Kleingewässer.

Der häufigste Molch dieses Mittelgebirges ist jedoch der Bergmolch mit seinen im Frühjahr prächtig blau und orange gezeichneten Männchen. An die

wir in den schattigen Waldtälern, aus Baumstubben und lockeren Steinaufwürfen kommend, den prächtig gezeichneten Feuersalamander.

Wasserqualität stellt er keine großen Anforderungen. Vegetationslose Gräben und nährstoffreiche Wildschweinsuhlen bieten ihm Lebensraum und Laichmöglichkeit. Auch Quellwassergebiete sucht er auf. Er besiedelt den gesamten Spessartraum von der Ebene bis in die obersten Berglagen.

Während der Teichmolch in Bereichen niederer Meereshöhe in Gräben und Weihern mit Krautpflanzenbewuchs vorkommt, ist der Kammolch mittlerweile fast aus dem Spessart verschwunden. Seine Existenz ist ernsthaft bedroht.

Unter den Lurchen sind besonders die Gelbbauchunken, Erdkröten, Wasserfrösche und Grasfrösche zu nennen. Die Erdkröte hat im Spessart weitverbreitete Laichplätze in naturnahen und künstlichen Teichen. Ihre Frühjahrswanderungen über Straßen machen an ver-

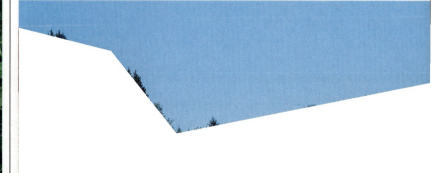

Oben: Die im allgemeinen kalkarmen Böden des Spessarts geben der kalkliebenden Frauenschuh-Orchidee nur im randlichen Bereich Wuchsmöglichkeit.
(Foto: Schmelzenbach)

schiedenen Stellen Krötenschutzmaßnahmen notwendig. Sie werden von seiten des amtlichen Naturschutzes und von Angehörigen der Naturschutzverbände durchgeführt. In der Dämmerung trifft man während der Vegetationszeit bereits erwachsene Erdkröten auf Nahrungssuche in offenen Landschaftsgebieten.

Während der Grasfrosch nahezu überall die Feuchtgebiete besiedelt, ist der Wasserfrosch mehr ein Bewohner der Altwässer am Main. Von hier aus scheint er die Bachtäler nach oben zu besiedeln, zumindest weisen die Vorkommen im Hafenlohrtal und Lohrtal darauf hin. Fehlen die gelben Farbstoffträger in den Hautzellen der Wasserfrösche, so können diese eine bläuliche Farbe annehmen. Diese Farbvariante kommt vorwiegend bei Wasserfröschen des Untermaingebiets und bei Kahl vor und hat weites Interesse unter den Amphibienforschern erweckt. Als ›Blaue Frösche von Kahl‹ sind sie sogar in die Literatur eingegangen.

Mittelgebirge sind oft als Lebensräume der Kreuzotter verrufen und werden von ängstlichen Menschen gemieden. Nun, wer Angst vor Kreuzottern hat, kann barfuß fast den gesamten Spessart ablaufen. Nur im Nordspessart, etwa ab dem Lohrgrund bei Frammersbach, wurde sie sehr vereinzelt getroffen. Fast alle angeblichen Kreuzotterfunde erwiesen sich bei näherer Betrachtung als Nachweise der Schlingnatter. Ihre Zeichnung erinnert entfernt an die der Otter.

Die Schlingnatter liebt trockene und besonnte Standorte. Sie findet sich auf Südhängen und Straßenböschungen sowie in alten Lesesteinhaufen und auf Heiden ebenso häufig wie die Ringelnatter, die allerdings Feuchtgebiete liebt. In vielen Bachtälern des Spessarts und häufig auch an Teichen ist sie anzutreffen.

Zaun- und Bergeidechsen ergänzen das Bild der Kriechtierfauna. Liebt die Zauneidechse als Kulturfolger besonders vom Menschen geprägte Lebensräume, wie Dorfränder, Eisenbahndämme und Heckenraine, so kann man die Bergeidechse getrost als Kulturflüchter bezeichnen und sie in Bachtälern und auf Waldlichtungen suchen.

Der Professor für Naturgeschichte am Gymnasium in Wertheim, Friedrich Strack, schreibt im Jahr 1812 an die Naturforschende Gesellschaft

Links: Die Nestwurz erweckt den Eindruck eines blattgrünlosen Parasiten. In Wirklichkeit lebt ihr nestartiges Wurzelgeflecht mit Pilzen zusammen, die organische Verbindungen abbauen und deren Endprodukte von der Nestwurz aufgenommen werden.
(Foto: Wothe)

Oben: Der Spessart bietet dem ebenfalls kalkliebenden Helm-Knabenkraut nur wenige Standorte.
(Foto: Bogon)
Links: Die Hafenlohr schlängelt sich im Naturschutzgebiet Metzger durch hahnenfußreiche Wiesen.
(Foto: Bünnecke)

Leopoldina in Halle: ›...Eine zweite Bemerkung, die ich Ihnen mitzuteilen für würdig halte, betrifft den Zug der Fische und namentlich der Lachse, der Lachsforellen und der Weißfische.

In den Rhein herauf gehen jährlich eine große Zahl Lachse von dem Oktober bis in den Dezember, um in seinen klaren Fluten ihren Laich abzusetzen. Diese zeigen nun folgende Eigenheit, die man mir in dem ganzen Rheintal herauf von Mannheim bis Koblenz bestätigt. Diese Fische weichen nämlich nur in die Bäche und Nebenflüsse des Hauptstroms ab, welche auf dem rechten Ufer des Flusses einströmen, nie aber in die, welche in das linke Ufer einfallen. Bestätigung liefert, wie ich bereits gesagt habe, das ganze Mainufer...

Die Weißfische zeigen die entgegengesetzte Neigung oder Liebhaberei, sie gehen nämlich bei ihrer Laichzeit durchaus nur in die auf dem linken Ufer einströmenden Flüsse ein. In unserer Tauber erscheinen sie regelmäßig gegen das Ende des April in ungeheueren Scharen. Man rechnet jährlich 500 bis 600 Zentner. Woher nun diese Erscheinung? Man hat mir sagen wollen, die genannten Flüsse auf dem rechten Ufer kämen sämtlich aus dem Gebirge, wären klar und kalt, und dieses liebten die Lachsarten, allein die Flüsse auf dem linken Ufer, die ich alle kenne, sind es nicht weniger.‹

Wenngleich sich dieser Richtungssinn der verschiedenen Fischarten nicht bestätigen ließ, so zeigt dieses historische Dokument sehr eindrucksvoll, in welchem Umfang noch im vergangenen Jahrhundert Wanderfische im Main und in den Spessartbächen auftauchten. Neben den Lachsen waren es hauptsächlich Maifische, auch Alsen genannt, die im Frühjahr in die Bäche wanderten.

Maifisch, Nase und Döbel sind Überbleibsel der Fisch-Vielfalt

Beim Maifisch handelt es sich um eine dem Hering verwandte Art von etwa 35 bis 40 Zentimeter Länge, der in den Küstengebieten der Nordsee lebte und heute sehr sehr selten geworden ist. Die Nase, die ebenfalls in den Bächen vorkam, ist ein Weißfisch mit weit vorstehender stumpfer Schnauze, der in ungeheuren Schwärmen in die Seitenbäche eindrang. Diese Wanderung, der sogenannte ›Speierritt‹, wurde auch wirtschaftlich genutzt.

Die Nase liebt flache und kiesige Stellen, an denen sie während eines lebhaften Paarungsspiels ablaicht. Als Backfische waren Nase und Döbel beliebte Delikatessen.

Mit dem Ausbau des Mains zur Großwasserstraße und der barrierehaften Verschmutzung im Mündungsbereich sowie der Abwasserbelastung auf ganzer Strecke hat sich der Fischbestand des Flusses und seiner Nebenbäche wesentlich geändert: Die Wanderfische sind verschwunden. Meerneunaugen, Störe, Flundern, Lachse, Meerforellen und Maifische sind ausgestorben.

Bachneunaugen, Steinbeißer, Groppen und Elritzen sowie Bachforellen und Äschen sind sichere Anzeiger für günstige

Rechts: Im dichten Bestand des Roten Fingerhuts finden sogar Rehe Deckung.
(Foto: Hofmann)

Wasserqualität. In Zusammenhang mit der fischereilichen Teichwirtschaft sind sie als Nahrungsgrundlage für Graureiher, Eisvogel und vereinzelt immer wieder durchstreichende Fischadler wichtig.

Ist das Vorkommen von Wildarten, Vögeln, Reptilien, Amphibien und Fischen meist noch bekannt, so sind die Kenntnisse über die Riesenschar an wirbellosen Tieren, wie Insekten, Krebsen, Schnecken, Muscheln,

ließ, einfindet. Überrascht sehen wir den irisierenden blauen schillernden Glanz der Oberflügel, die von weißen Bändern durchzogen werden. Zwei auffällige ›Augen‹ befinden sich am Hinterflügel. Ausgerechnet Aas und Kot ziehen ihn über große Strecken hinweg an und laden ihn zum Verweilen ein.

Aber auch der kleine Schillerfalter findet sich gelegentlich noch in den Tälern.

Die lichten Talwälder mit dem rankenden Geißblatt und der Espe sind Lebens- und Flugbereich des Großen und des Kleinen Eisvogels. Ich werde nicht die erstaunten Blicke der Gäste

Links: An manchen Stellen des Spessarts kommen die gebänderte westliche und die gefleckte östliche Rasse des Feuersalamanders nebeneinander vor.
(Foto: Layer)

Würmern und Einzellern, sehr mangelhaft. Wer wäre auch in der Lage, ein Heer von über 40 000 möglichen Arten in Mitteleuropa nur einigermaßen zu überschauen!

Erst in jüngerer Zeit beginnt die landschaftsbezogene Forschung von ihnen Kenntnis zu nehmen. Sie erfaßt Arten- und Individuenzahl und berechnet ihre Biomasse pro Flächeneinheit. Aus diesen Berechnungen ergibt sich ihre Funktion im Naturhaushalt.

Nur einer unter vielen anderen: Schillerfalter

Am auffälligsten sind noch die Tagschmetterlinge, die an warmen Sommertagen über die blühenden Wiesen gaukeln, sich auf Waldwegen und an Waldrändern niederlassen und feuchte Bereiche aufsuchen. Zu den bemerkenswertesten gehört zweifellos der Große Schillerfalter, dessen Raupen auf Salweiden und Pappeln fressen. Als dunkler Schatten fliegt er vor uns auf, um sich in der Krone von Bäumen niederzulassen. Man muß lange warten, bis er sich wieder an der Feuchtstelle, an der er sich sehen

im Gasthaus Lichtenau vergessen, als dort im Sommer der bis acht Zentimeter spannende dunkelbraune Tagschmetterling mit seiner weißen und orangegelben Bandzeichnung und dem blauen, gewellten Hinterflügelrand aufgeregt am Fenster flatterte und dann befreit davonflog.

Oben: Erhobenen Kopfes läuft der Kleiber sogar stammabwärts.
(Foto: Wothe)

85

Vogel-Wicke

In Wiesen sowie an Wald- und Buschrändern fällt vom frühen Sommer an bis in den Herbst hinein die Vogelwicke durch ihren Blütenreichtum auf. 30 und mehr violett gefärbte Schmetterlingsblüten sitzen an einem langgestielten Stengel. Ihre Blätter sind in sechs bis zehn Fiederpaare unterteilt und enden mit Ranken. Mit ihrer Hilfe ziehen sich die dünnen, mehr kriechenden Stengel an standfesteren Pflanzen empor. Warum sie Vogelwicke heißt, ist nicht bekannt.

Manch anderem bedrohten Tagschmetterling begegnen wir noch in den Spessarttälern: Schwalbenschwanz und Trauermantel, Weißem Waldportier und Großem Fuchs sowie Perlmutter- und Scheckenfalter, Bläulingen und Zipfelfaltern. Nachtschmetterlinge ergänzen den Falterreigen. Sie sind halt nur gelegentlich zu sehen. Doch nicht nur die seltenen Arten verdienen Interesse. Wer hat sich nicht schon mit Freude von Schachbrettfaltern, Ochsenaugen, Wiesenvögelchen und Scheckenfaltern beim Gang über eine Sommerwiese umgaukeln lassen? Auch die Spessarttäler sind gefährdet. Vereinheitlichung der Biotope und Christbaumkulturen sowie Teichwirtschaft und Erholungs›zernutzung‹ sind in den Talsohlen nichts Seltenes. Ein besonderes Schicksal droht dem Hafenlohrtal zwischen Windheim und Einsiedel: Eine Talsperre soll die Probleme der Trinkwasserversorgung auffangen. Wer dieses Tal kennt, wird es nicht kampflos dem technischen ›Fortschritt‹ opfern!

Grünlandintensivierung trägt Hauptschuld am Falterschwund

Die Tagfalter und Widderchen wurden in den letzten Jahren immer rarer. 91 Arten der insgesamt 200 einheimischen Tagfalter und Widderchen oder Blutströpfchen sind gefährdet, das sind 45 Prozent. Bei weiteren Arten sind rückläufige Tendenzen zu beobachten.

Man hat auf vielfältige Weise Untersuchungen angestellt, um den Ursachen des Falterschwunds auf die Spur zu kommen. Natürlich sind viele Faktoren dafür verantwortlich, doch ergab sich als wichtigster Schadfaktor die sogenannte Grünlandintensivierung als Ausdruck der Veränderung der Feuchtebedingungen und des gesteigerten Düngemitteleinsatzes. Die Mechanisierung der Bewirtschaftung und die Einsaat von Hochzuchtfuttergräsern gehören in diesen Komplex und wirken ebenfalls mit an der Vernichtung der Arten.

An zweiter Stelle erwies sich die Beseitigung von Kleinstrukturen, wie Hecken, Waldsäumen, Wegrändern, Steinlesehaufen unter anderem, als bedeutsam. Sie mußten größtenteils im Rahmen der Flurbereinigung weichen. An ihre Stelle kamen weitflächige, monoton bewirtschaftete Felder. Alles in allem trägt die Landwirtschaft die Hauptschuld an der Artenverdrängung der Tagfalter. Die Forstwirtschaft ist in großem Umfang beteiligt.

Die über die Luft in die Lebensgemeinschaften hineingetragenen Stickstoffmengen sind ebenfalls nicht bedeutungslos und sorgen für Veränderung und Verarmung von Trockenlebensräumen und Moorflächen.

Beide Biotope stehen sehr spezialisierten Arten zur Verfügung. Um so wichtiger ist es, gerade diese auf ein Minimum geschrumpften Lebensräume zu bewahren und sie aus der Intensivierung herauszunehmen. Gezielte Biotopschutzprogramme müssen zusammen mit biotopbezogenen Pflegemaßnahmen den massiven Artenrückgang aufhalten. Die Bewahrung der Spessarttäler ist ein wichtiger Beitrag hierzu.

Man nimmt heute an, daß mit jeder Pflanzenart etwa zehn Tierarten vergesellschaftet sind. Wen wundert es, daß mit der sichtbaren Vielfalt unserer Täler eine oft nur schwer sichtbare von Tieren verknüpft ist?

Da sind die Talauen entlang der Bäche mit Auwaldresten und die Feuchtwiesengesellschaften um Tümpel und Seen. Köcher- und Steinfliegen flattern hier auf und teilen den Lebensraum mit Libellenarten. Die gebänderte Prachtlibelle hält sich am Bachufer auf, Feder- und Adonislibelle flattern zwischen den Seggen, und die Mosaikjungfern ›zacken‹ über das Wasser.

Sumpfdotterblume, die Sumpf-Schwertlilie und Sumpfbaldrian wachsen in den Ufersäumen. Die naturnahen Seen überziehen sich mit Teppichen von Wasserhahnenfuß. Kohldistel und Mädesüß - Hochstaudengesellschaften gedeihen auf nassem Untergrund. Wird es sehr sumpfig, können Fieberklee und Torfmoos-Polster mit Sonnentau und Wollgras wachsen. Sobald es trockener wird, kommen zu Anfang Mai das Kleine und das größere Kuckucks-Knabenkraut sowie das Helm-Knabenkraut vor. Im Sinntal sind die Schachblumenwiesen unter den verschiedenen Glatthaferwiesen eine wahre Attraktion. Die Rohrglanzgraswiesen des oberen Hafenlohrtals mit halbkugeligen Weidenbüschen haben wieder einen anderen Charakter. Verschiedene Kurz- und Langfühlerschrecken kommen hier vor. Gerade am Übergang zu den Waldbiotopen steht dann der auffällige Rote Fingerhut; Adler- und Wurmfarn decken Waldsäume und Waldlichtungen ab. Gleichwohl darf man nicht verkennen, daß sowohl der Sandsteinspessart als auch der kristalline Vorspessart in ihrer Kalkarmut nicht gerade artfördernd wirken. Das merkt man besonders gut an den Orchideen, von denen nur etwa zehn bis zwölf Arten den Spessart besiedeln. Der durch seine großen Einzelblüten auffallende zauberhafte Frauenschuh ist eine Art des randlichen Bereichs.

Rechts: Auf ungenutzten, sommerwarmen Hängen der tieferen Lagen wächst die einjährige Golddistel.
(Foto: Bogon)

In der Nähe von Ballungszentren: Sozialbrache

Die wirtschaftliche Entwicklung in den letzten Jahrzehnten hat in der Nähe von Städten und Ballungszentren eine landwirtschaftliche Nutzung von weniger fruchtbaren Böden unwirtschaftlich und wenig attraktiv gemacht: Es wird nichts mehr angebaut, das Land fällt brach. Auf diesen Brachflächen beginnt eine Vegetationsentwicklung, die irgendwann in einem Wald münden würde. Die Rodungsinseln des westlichen Spessarts und die dort ackerbaulich genutzten Täler zeigen alle Übergänge beispielhaft.

Links: Der Klappertopf ist ein Halbparasit. Die Nährsalze bezieht er aus den Wurzeln anderer Pflanzen. Die innerhalb der trockenen, rundlichen Kelche klappernden Samen gaben ihm den Namen.
(Foto: Burghardt)

Unten: Im August und September gibt die Herbst-Zeitlose meist nach dem Schnitt den Wiesen Farbe.
(Foto: Diedrich)

Rechts: An Wegrändern und in steinigen, trockenen Rasen gedeiht der rauhaarige Natternkopf. Der Griffel der Blüte ist gespalten und ragt natternzungengleich aus der blauen Blüte hervor.
(Foto: Wothe)

Heckenpartien und Feldraine mit Feldgehölzinseln verraten, daß hier alte Ackerbaustrukturen erhalten sind. Neu gewachsene Buschgruppen auf grünem, nicht genutztem Land verraten den Brachcharakter. Große Schafherden versuchen die neue Situation zu nutzen.

Sehr karg war die Lebensmöglichkeit in den Spessartdörfern bis zur Mitte dieses Jahrhunderts: Damals schleppten die Heimarbeiter zu Wochenbeginn und am Wochenende ihre blauen Textilsäcke zu den Zügen. Auf dem kleinen Feldbesitz wurden Kartoffeln und Getreide und Futter für die wenigen Milchkühe angebaut.

Als mit dem Wirtschaftsaufschwung die Verdienstmöglichkeit im Großraum Aschaffenburg günstig und mit dem Auto die Stadt schnell erreichbar wurde, blieben Ackerbau und Viehhaltung auf der Strecke. Die Leute von den Landwirtschaftsämtern bekamen tiefe Falten in der Stirn. Erklärtes Ziel blieb, die jetzt offene Landschaft nicht den Bäumen zu überlassen.

Dabei ist Brache gar nichts Besonderes in unserer Kulturland-

Fototips
Brachen und Wegränder

Landschaftlich besonders reizvoll sind Brachen, die an einem Hang gelegen sind. Hat man ein Weitwinkelobjektiv, ist es ratsam, in die Knie zu gehen. Stark abgeblendet vom Tal zum Berg fotografiert, kann man Pflanzen und ihren Lebensraum abbilden. Dabei ist die Blütenpracht im Nahbereich groß zu sehen, und die Landschaft im Hintergrund füllt das Bild. Verwendet man für Detailfotos ein Teleobjektiv, verschwimmen die Blüten im Vorder- und Hintergrund zu farbigen Flächen, die, geschickt verteilt, schöne Kompositionen ergeben.

Wegränder sind die kleinen Paradiese, die wir meistens übersehen, wenngleich sie uns ständig begleiten. Um ›im Vorbeigehen‹ Insekten oder Blütenpflanzen zu fotografieren, genügen eine Kamera mit einem kleinen oder mittleren Teleobjektiv und eine Nahlinse oder Zwischenringe.

Für Fotos aus freier Hand sollte das Filmmaterial eine Empfindlichkeit von 21 bis 24 DIN haben, das sind 100–200 ASA.

schaft. In der Feldgraswirtschaft und der Dreifelderwirtschaft vergangener Jahrhunderte — einer beispielhaften ökologischen Bewirtschaftung — war Brache einfach eine Erholungsphase des Bodens; betrachten wir sie deshalb heute als eine Erholungsphase der Natur außerhalb der Produktionslandschaften. Dabei ist es für den Erfolg völlig egal, ob aus Gründen der ungünstigen Standortbedingungen eine ›Grenzertragsbrache‹ oder infolge besserer Erwerbsmöglichkeiten in der Stadt eine ›Sozialbrache‹ entstanden ist.

Der Landkreis Aschaffenburg gehört zu den Landkreisen mit größtem Bracheanteil in der Bundesrepublik Deutschland. Mehr als 75 Prozent der landwirtschaftlichen Flächen liegen in manchen Gemeindefluren ungenutzt: Weibersbrunn, Rothenbuch, Heigenbrücken, Hain, Glattbach und Dörrmorsbach, Dorfprozelten sowie Collenberg sind solche Gemeinden.

Wenngleich sich landschaftsästhetische Gesichtspunkte in der Öffentlichkeit mit ökologischen Aspekten streiten, sind brachliegende Entwicklungsflächen aus der Sicht des Artenschutzes und des Landschaftshaushaltes nur zu begrüßen.

Auf flachgründigen Böden der Ackerbrache treffen sich viele Pflanzen- und Tierelemente der Wildkraut-, Unkraut-, Grünland- und Waldsaumgesellschaften. Da wachsen Klatschmohn und Kornblume neben Kamille, Wegerich und Ehrenpreis. Später schieben sich die gelben Blütentürme der Königskerzen und die Dolden des Rainfarns zwischen das Violett der Acker-Witwenblume sowie die verschiedensten Distelarten, bis allmählich echte Wiesengräser und Kräuter sich anreichern.

Schließlich greifen von benachbarten Hecken- und Waldsäumen Sträucher und Waldbäume über. Ein buntgeflecktes Gemisch von Blüten überzieht unser Feld: das Weiß der Wucherblumen und Schafgarben, dort das Gelb des Johanniskrauts und Hornklees. Das Violett der Vogelwicken und Flockenblumen mischt sich mit dem Rot der feingliedrigen Karthäusernelken oder dem Blau der rauhen Natternköpfe. Brombeere, Schlehe, Pfaffenhütchen und Faulbaum, Holunder, Wildkirsche, Feldahorn und schließlich Fichte, Rotbuche, Hainbuche und Eiche kennzeichnen eine Entwicklungsreihe, deren Ende in unserer Zeit noch kaum abzusehen ist.

Natürlich finden hier auch viele Tierarten Lebens- und Nahrungsraum. Gold- und Grauammern sowie die Feldlerchen finden sich ebenso ein wie Rebhuhn und Fasan. Zaun- und Bergeidechsen lauern den sirrenden Heupferdchen und den zirpenden Grillen auf. Weg-, Hilfs- und Knotenameisen suchen hurtig laufend ihre Nesthügel und Steinnestchen. Eine derartig offene und sonnenbeschienene Landschaft scheint unbegrenzte Lebensbedingungen bereitzustellen.

Kein Wunder, daß unsere anmutigsten Insekten, die Schmetterlinge, hier nicht fehlen: Fuchs und Pfauenauge, Weißlinge und Scheckenfalter, Kuhauge und Wiesenvögelchen sowie Schachbrettfalter stellen sich ein.

Freuen wir uns, daß es noch einige wenige Landschaftsräume gibt, die nicht der ungehemmten Nutzung unterliegen, sondern ein wenig Entfaltungsmöglichkeiten haben. Vielleicht sind es die Bereiche, für die uns künftige Generationen einmal loben werden.

Oben: Die zwei bis drei Zentimeter breiten, purpurroten Blüten der Karthäuser-Nelke stehen meist zu fünf bis acht in engständigen Büscheln. Die Kartäusermönche waren sicher nicht namengebend, vielmehr wurde sie nach Botanikerbrüdern, die zur Zeit Linnés lebten, benannt.
(Foto: Wothe)

Links: Die zunächst nickenden Knospen des Wiesen-Storchschnabels richten sich zur Blüte auf. Nach der Bestäubung neigen sich die Blütenstiele wieder abwärts, und Fruchtknoten sowie Griffel wachsen storchenschnabelartig heraus.
(Foto: Wolfstetter)

Oben: Die leuchtend roten Fruchtkapseln des Pfaffenhütchens entlassen ihre gelbgefärbten Samen.
(Foto: Kaiser)
Rechts: Die Rundwanderung führt vom Essiggrund durch abwechslungsreiche Waldgebiete zum Dammbachtal.
(Karte: cartodesign, H. Schultchen)

Wandervorschläge Spessart

Zwei von den drei speziell für HB-draußen-Leser ausgearbeiteten Wanderungen führen in den Hochspessart, der früher sicher zum Fürchten war. Hohe Buchenstämme, die leider von nur noch wenigen imponierenden Eichenveteranen begleitet werden, lassen nach der Blattentfaltung kaum noch Licht in das Dunkel. Um so zauberhafter ist die Herbstfärbung dieses Mischwalds.

Die zweite Wanderung gestalten die Flüßchen Hafenlohr und Steinbach besonders idyllisch. Forellen schwimmen im klaren Wasser, in dem auch die Brunnenkresse bestens gedeiht; Bayerskopf und Hoher Knuck werden umwandert.

Die dritte Wanderung führt auf den Mainhöhen entlang, die neben herrlichen Ausblicken im Gegensatz zum schattenreichen Hochspessart lichte, trockenwarme Hänge mit reicher Flora und lebhaftem Insektenleben zeigen.

1 Strecke: Wasserschutzgebiet im oberen Dammbachtal – Essiggrund – Essigbrunnen – Krausenbacher Forst – Dammbachtal. Leichte Halbtagstour von etwa 8 Kilometer Länge. Gehzeit je nach Aufenthalt 2–3 Stunden.

Die herbstliche Laubfärbung kann eigentlich nirgends schöner sein als im Spessart. Besonders in den engen Flußtälern geht der Herbst verschwenderisch mit Farben um. Die Vielzahl der Gehölze an den Waldrändern sorgt für eine reiche Palette aller Töne von Gelb über Braun bis Rot. Das obere Dammbachtal zwischen Krausenbach und Rohrbrunn ist ein solches Paradies, in dem Natur-, aber auch Fotofreunde auf ihre Kosten kommen.

Wer von Krausenbach anfährt, sollte die rechts des Tals verlaufende Straße nach Rohrbrunn etwa 3 Kilometer vor diesem Ort verlassen. Links im Grund sieht man ein einzelnes Backsteinhaus liegen. Es ist ein Pumpwerk in einem Brunnenschutzgebiet. Hier lassen wir den Wagen stehen.

Ein kleines wasserführendes Seitental trifft hier von Norden auf das Dammbachtal. Wir folgen einem Forstweg auf der linken Seite des Tales. Er ist mit einem roten Querstrich auf weißem Grund markiert. Der Weg führt zunächst durch mächtige Blockpackungen von Buntsandstein, die auf der Wetterseite mit markstückgroßen Krustenflechten bewachsen sind. Sie fallen durch mehrfache konzentrische Ringe auf. In den Blöcken findet man spalt- bis eiförmige Hohlräume, die wie Negative von Fossilien erscheinen. Aber alles Rätseln bleibt zwecklos, organische Reste oder Abdrücke lassen sich in diesen Hohlformen nicht erkennen.

Der Weg verläuft jetzt etwas oberhalb der Talsohle. Unten sind dem Buchenwald noch lichte Fichtenbestände vorgeschaltet. Nach einer halben Stunde senkt sich der Weg wieder zum

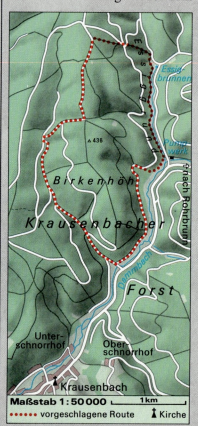

Tal hinunter, und man trifft auf einen kleinen Weiher mit klarem Wasser.

Bänke und Tische laden zum Verweilen ein. Es ist der Essigbrunnen, von dem das Flüßchen, dem wir bisher folgten, gespeist wird. Die Hufeindrücke von Rehen zeigen, daß es sich um eine wichtige Tränke in diesem sonst nicht sehr wasserreichen Gebiet handelt. Im Frühjahr ist hier der Laichplatz von Fröschen und Kröten. Ein wenig flußabwärts ist noch ein zweiter, etwas größerer Teich aufgestaut worden.

Wir folgen vom Essigbrunnen

NATUR BEOBACHTUNGEN VOM WEGE AUS

aus einer anderen Markierung: roter Punkt auf weißem Grund. Sind wir bisher nach Norden gewandert, so müssen wir uns jetzt nach Westen richten. Es geht sogleich auf einem schmalen Fußpfad steil aufwärts. In der Höhe kreuzen wir eine größere Weggabel in einem lockeren Eichenbestand, bleiben aber gemäß Markierung auf unserem schmalen Pfad.

Nach rechts eröffnen sich herrliche Ausblicke in den herbstlichen Buchenwald jenseits des Essiggrundes. Nach etwa zehn Minuten treffen wir auf einen breiteren geschotterten Forstweg. Mit ihm schwenken wir nach Süden um. Es gilt jetzt wieder ein roter Querstrich im weißen Feld. Etwa 2 Kilometer geht es auf einem Höhenrücken entlang, dann wieder in ein ziemlich enges Tal hinunter. Das Herbstwetter spielt uns einen Streich. Plötzlich verhängt dichter Nebel das Tal. Aber auch das ist eindrucksvoll und ermuntert zu einer Farbaufnahme. Erst im Dammbachtal kommen wir wieder in den Genuß der warmen Herbstsonne, die jetzt, am Mittag, das Tal durchflutet.

Herbststürme hat es hier noch nicht gegeben. Auch heute regt sich kein Lufthauch. Fast alle Blätter sind noch an den Bäumen. In der Ferne, vor dunkler Nadelwaldkulisse, glühen in einem fahlen Gelb einzelne Lärchen. Um zu unserem Ausgangspunkt zurückzukommen, geht es noch ein Stück von etwa 3 Kilometer das Dammbachtal aufwärts. Für uns ist jetzt wieder roter Querstrich auf weißem Grund richtunggebend. Wir halten uns auf der linken Seite unmittelbar am Waldrand.

Während in dem Buchenhochwald jedes Unterholz fehlt, haben Büsche und Sträucher hier am weiten Dammbachtal bessere Existenzbedingungen. Heckenrosen und Pfaffenhütchen wetteifern mit dem Rot ihrer Früchte. Die Tierwelt hält sich zurück. Hin und wieder meldet ein Eichelhäher unser Näherkommen. Ein beinahe schwarzgefärbtes Eichhörnchen riskiert einen Blick hinter einem Stamm hervor und verschwindet wieder. Die Insektenwelt ist auf den nahen Winter eingestimmt und hält sich verborgen, nicht so die Spinnen, deren Netze im trockenen Gras aufglitzern.

Das Tal wird in größeren Abständen von Bodenwellen durchquert. Es sind Reste von Dämmen, die früher das Wasser stauten. Mit seiner Hilfe wurden Baumstämme talabwärts befördert. Der Name Dammbachtal geht auf diese längst verfallene Einrichtung zurück. In der Flußniederung liegt ein weißes Andachtshäuschen. Bald treffen wir wieder auf den Weg am Pumpwerk. Über eine Brücke erreichen wir die Straße nach Rohrbrunn und sind damit am Ausgangspunkt unserer Wanderung.

2 Strecke: Lichtenau im oberen Hafenlohrtal – Steinbachtal – Steinmühle – vorbei am Geierskopf (549 m) und Bayerskopf (523 m) sowie Hohen Knuck (539 m) – Lichtenau. Halbtagswanderung von etwa 14 Kilometer Länge. Gehzeit etwa 4–5 Stunden.

Eines der schönsten Spessarttäler wird von der Hafenlohr

Unten: Im November durchflutet oft Nebel die Buchenwälder des Essiggrunds. (Foto: Kaiser)

durchflossen. Die beste Zeit ist hier der Frühling, bevor das Laubdach der Buchenwälder sich dicht geschlossen hat.

Unser Weg beginnt in Lichtenau. Vom ›Gasthaus im Hochspessart‹ sucht man den Weg, der die Hafenlohr überquert und auf dem Südufer des Flusses talaufwärts führt. Er ist mit einem roten Diagonalstrich auf weißem Rechteck gekennzeichnet und führt etwas oberhalb des Flusses als befestigter Forstweg durch lichten Laubwald.

Oben: Das Wohlriechende Veilchen ist ein angenehmer Weggenosse.
(Foto: Kaiser)

Der Wald besteht, wie heute im Spessart die Regel, vorwiegend aus Buchen. Eichen sind in der Minderzahl. Zum Fluß hinunter findet sich noch ein Streifen Fichtenwald, der nicht ursprünglich ist, den Laubwald hingegen abwechslungsreicher macht. Geschätzt wird dieser Nadelwald längs der Flüsse offensichtlich vom Wild. Die Rehe jedenfalls zogen sich vor uns dorthin zurück.

So zieht sich unser Weg problemlos etwas oberhalb der Hafenlohr dahin. Wir haben Gelegenheit, die Vegetation beiderseits des Wegs genauer zu betrachten. Längs des Weges blühen Buschwindröschen, Veilchen und Scharbockskraut. Sie müssen ihre Vegetationsperiode abgeschlossen haben, bevor das Blätterdach geschlossen ist. Zurückgezogen in ihre Wurzelstöcke, überdauern sie den Sommer und den kommenden Winter, bis der nächste Frühling sie wieder aus dem Boden lockt.

Man sucht sie aber vergeblich innerhalb der riesigen Buchenwälder, die sich nach links die Spessarthöhen hinaufziehen. Offensichtlich hindern hier andere Lebensumstände wie Trockenheit ihr Wachstum. Humus scheint genügend vorhanden zu sein, wie die dichte Laubdecke beweist. Eine Vegetationsperiode scheint gerade auszureichen, um diese gewaltigen Laubmassen abzubauen.

In dem Schatten der Buchen können Eichen, die früher den Spessart besiedelten, nicht mehr aufkommen. Nur an Waldrändern haben sie noch eine Chance. Es sind denkmalartige Erscheinungen, die mit ihren knorrigen Ästen imponieren. Die Buche erträgt nicht nur mehr Schatten als die Eiche, sie ist ihr außerdem durch eine doppelt so rasche Wachstumsgeschwindigkeit überlegen. Die Eichen benötigen heute die Hilfe des Forstmannes, während der Buchenwald sich hinreichend selbst verjüngt.

Nach etwa sieben Kilometer schwenkt unser Weg nach Süden ab. Wir befinden uns jetzt im Tal des Steinbaches. Das Hafenlohrtal hat sich unversehens in nördlicher Richtung empfohlen: Vielleicht ist diese Landschaft noch idyllischer. Am Fluß liegt eine alte Wassermühle, die Steinmühle. Es lohnt sich, das Ufer direkt aufzusuchen.

Vor uns schwingt sich ein Graureiher in die Luft. In dem Bach gibt es Forellen, denen er sicher nachgestellt hat. Er scheint übrigens zu einem größeren Trupp von Reihern zu gehören, die unterhalb von Lichtenau hungrig um abgelassene Fischteiche herumstanden, aber nun im Fluß ihr Glück versuchen.

Am Hang stehen wieder Scharbockskraut, Veilchen und Buschwindröschen. Hier tritt auch die Hohe Schlüsselblume auf mit ihren schwefelgelben Blüten, während im Maintal vorwiegend die Duftende Schlüsselblume mit dottergelben Blüten zu finden ist. Hin und wieder sieht man fettgrüne Blätter bündelweise aus dem noch fahlen Gras aufragen. An den parallel verlaufenden Nerven kann man sehen, daß es Lilien- oder Orchideengewächse sind. Einfacher wird es, wenn man zwischen den Blättern die Frucht, eine dreiklappige Kapsel, entdeckt. Es kann sich nur um die Herbstzeitlose handeln, deren Blätter sich im Frühjahr entfalten und im Sommer wieder vergehen. Erst im Herbst erscheinen dann die bekannten lila Blüten ohne Blätter.

Wir folgen dem Forstweg noch einige hundert Meter weiter bis zu einem Rastplatz mit Tischen und Bänken. Das Meisenbrünnlein rauscht hier mit kristallklarem Wasser über Buntsandsteinblöcken dem Steinbach zu. Die Brunnenkresse liebt solche Örtlichkeiten und läßt sich händeweise aus dem Wasser rupfen. Eine Delikatesse für das wohlverdiente Abendbrot. Von dieser Stelle hat man einen besonders schönen Blick in das Steinbachtal.

Wir kommen jetzt durch einen Buchenhochwald mit stattlichen, säulenförmigen Stämmen. Ungefähr für sieben Kilometer ist ein rotes Dreieck im weißen Feld richtungweisend. Dann haben wir einem roten Querstrich auf weißem Grund zu folgen. Dieser Weg führt uns in einem großen Halbkreis zu unserem Ausgangspunkt zurück. Es handelt sich wieder um einen befestigten Forstweg, der nur zu Anfang auf 500 Meter Länge ausschließlich Fußweg ist.

Der Weg führt am Fuß ziemlich hoher Berge entlang. Rechts des Weges liegt der 549 m hohe Geierskopf.

Auf der linken Seite unseres Weges wird der Bayerskopf (523 m) umgangen. Wiederum rechts liegt der Hohe Knuck (539 m). Hoher Knuck heißt auch das Gasthaus, an dem unser Weg wieder auf die Hafenlohr trifft. Vorher kommen wir an Obstgärten vorbei mit blühenden Hecken.

Während die Vogelwelt des Buchenhochwaldes etwas ärmlich erschien, geben sich hier zahlreiche Singvögel ein Stelldichein. Es ist Brutzeit und die Sicht noch nicht völlig vom Laub verstellt. Meisen, Buchfinken und Heckenbraunellen gehören zu den häufigsten Vertretern, hinzu kommen Goldammern und Bachstelzen und natürlich der Zaunkönig.

Am Fluß sind alte Mühlanlagen

zu erkennen. Offensichtlich wurde hier ein Sägewerk mit Wasserkraft betrieben. Ein Seitenkanal, der das Wasser für die Antriebsräder heranführte, ist noch vorhanden. Wohlgenährte Flugenten gründeln jetzt darin herum. Auch ein Feldbahngleis, auf dem die Stämme früher bewegt wurden, ist noch zu erkennen. Nach wenigen Schritten treffen wir wieder auf unsere Brücke über die Hafenlohr und das freundliche ›Gasthaus im Hochspessart‹. Damit ist unser Rundweg beendet.

Die Idylle des Hafenlohrtals ist leider nicht ungefährdet. Von Naturschützern werden Pläne, im unteren Hafenlohrtal Stauteiche und Dämme zu errichten, entschieden abgelehnt. Informationen über diese Vorhaben und ihre Auswirkungen finden sich auf großen Stelltafeln.

3 Strecke: Fechenbach/Ruine Kollenberg – Dorfprozelten – Hofthiergarten – Ruine Henneburg – Stadtprozelten. Halbtagswanderung von ungefähr 8 Kilometer Länge. Mehrfach ziemliche Steigungen und Gefällestrecken. Festes Schuhzeug ist notwendig.

Zwischen Wertheim und Miltenberg reicht der Spessart am weitesten nach Süden. In einem gewaltigen Durchbruch windet sich der Main durch den Buntsandsteinunterbau und trennt dabei den Spessart im Norden vom Odenwald im Süden. Eine Wanderung längs der Mainhöhen verheißt nicht nur herrliche Ausblicke in das Maintal, auch der Naturfreund kommt auf seine Kosten.

Zu jeder Jahreszeit wird hier einiges zu entdecken sein. Am anmutigsten ist aber das Frühjahr, etwa Anfang Mai: Es beginnt die Baumblüte, und die reiche Vogelwelt ist in Hochzeitsstimmung. Nur die Insekten lassen noch auf sich warten. Wer es auf sie abgesehen hat, sollte den Sommer bevorzugen, muß aber dann die Unruhe des Fremdenverkehrs in Kauf nehmen.

Unser Weg ist auf ganzer Länge mit einem schwarzen ›R‹ auf weißem Grund gekennzeichnet, (Maintal-Höhenringweg) und kaum zu verfehlen, obgleich er sich streckenweise durch Wälder, Buschwerk und Hohlwege windet. Um zur Ruine Kollenberg zu gelangen, müssen wir, von Fechenbach kommend, nach etwa einem Kilometer die rechts-mainische Kreisstraße bei einem alten Gehöft verlassen. Die ersten 100 Meter benutzen wir einen befestigten Forstweg, dann treffen wir auf das gesuchte ›R‹, das allerdings nach rechts und links weist. Um die Ruine zu besuchen, folgen wir dem Weg nach links. Anschließend müssen wir zu dem Forstweg zurück, um mainaufwärts zu wandern.

Die Ruine Kollenberg liegt auf einem Ausläufer des Fechenberges hoch über dem Main. Unser Fußweg windet sich in einigen Serpentinen zu dem von unten kaum sichtbaren Mauerwerk. Das Sandsteingemäuer ist malerisch von Vegetation überkleidet. Efeu, Waldrebe und Immergrün gedeihen hier üppig. Wilde Kirschen, Eßkastanien und Robinien machen sich breit.

Die Ruine ist ziemlich zerstört. In einem alten Turm fehlen längst die Stufen und die Spindel der Wendeltreppe. Nur ein elegant geschwungener Handläufer kann noch als saubere Steinmetzarbeit bewundert werden. In den Fugen der Buntsandsteinblöcke gedeihen die Mauerraute und der wärmeanzeigende zierliche Milzfarn.

Oben: Der Mainhöhen-Ringweg wird an vielen Stellen von Schlehdornbüschen gesäumt, die im April blühen.
(Foto: Kaiser)

Links: Südlich vom reizvollen Hafenlohrtal nehmen ausgedehnte Buchenwälder den Wanderer auf.
(Karte: cartodesign, H. Schultchen)

Auf dem Rückweg kürzen wir, wie man es gern tut, die Serpentinen ab und nehmen das starke Gefälle in Kauf. Dabei entdecken wir die seltsame Einbeere mit ihren vier Blättern und einer unscheinbaren Blüte darüber. Mit einem kriechenden Wurzel-

Heute ist in vielen Steinbrüchen die Arbeit eingestellt worden. In den Steinbrüchen breitet sich die Natur aus. Birken und Kiefern wachsen auf Steinvorsprüngen, in den Klüften nisten Eulen und Falken. Während der Brutzeit werden sie streng bewacht.

vorbei und trifft auf eine ebenfalls asphaltierte Querstraße. Man ist froh, daß der markierte Pfad sich nach wenigen Metern in die Feldmark schlägt. Er führt am Rand einer Obstplantage herum. Jetzt ist man wieder im freien Gelände.

Wir gehen bergab und kommen in ein weites Tal mit Wiesen und alten Obstbäumen. In den Baumkronen wachsen Misteln mit unscheinbaren Blüten. Sie schmarotzen mit ihren Wurzeln an den Bäumen. Wir folgen jetzt einer Weggabel nach rechts, immer von unserem ›R‹ begleitet. Das Tal wird enger. Die Hänge tragen Fichtenwald. Seitlich im Wald liegt eine Grotte.

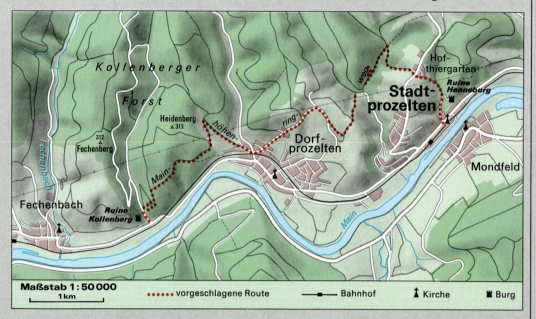

Den Weg im Grunde des Tals müssen wir bald verlassen. Ein Fußpfad führt aufwärts durch ein lichtes Gehölz, und schon tauchen in der Ferne die Häuser von Hofthiergarten auf. Am Südrand des kleinen Ortes kreuzen wir die Landstraße nach Neuenbuch.

Oben: Der Mainhöhen-Ringweg zwischen der Ruine Kollenberg und der Henneburg hält neben großartigen Blicken über den Main vielseitige Lebensräume für den Naturfreund bereit.
(Karte: cartodesign, H. Schultchen)

Rechts: Über vier quirlständigen Blättern erhebt sich die aparte Blüte der Einbeere, die den wissenschaftlichen Namen Paris trägt.
(Foto: Kaiser)

stock lebt dieses Liliengewächs im humusreichen Waldboden.
Auf der gegenüberliegenden Seite des Forstwegs windet sich unser Pfad erneut mit Serpentinen steil in die Höhe. Wir sind in einem trockenen Kiefernwald mit einzelnen Buchen. Am Grunde gedeiht das Weißpolstermoos.
Wir queren erneut einen Schotterweg, müssen auf ihm etwas nach links ausholen und wandern dann durch einen Mischwald, der bald in einen ziemlich dichten Fichtenwald übergeht. Vom Maintal ist nichts mehr zu erkennen. Ein Versuch, sich abseits unseres Weges einen Ausblick zu verschaffen, ist nicht zu empfehlen. Das Gelände fällt stark ab und geht schließlich senkrecht in die Tiefe. Wir befinden uns nämlich oberhalb von riesigen Buntsandsteinbrüchen. Jahrhundertelang ist hier roter Sandstein bester Qualität gebrochen worden. Schon die Römer bedienten sich dieses Gesteins. Aber nicht nur die Burgen, Brücken und Kirchen der Umgebung wurden aus diesem Material errichtet, es wurde per Schiff nach Frankfurt, Mainz, Aschaffenburg und anderen Städten transportiert. Jenseits des Mains bei Bürgstadt liegen noch heute riesige Sandsteinsäulen im Wald, die vor Jahrhunderten bestellt, aber nicht abgeholt wurden.

Unser Weg führt weiter oberhalb dieser Brüche um den Heidenberg herum. Schließlich lichtet sich der Wald, unversehens geht es durch Obstgärten in einen Hohlweg, der auf Dorfprozelten zuführt. Vor dem Abstieg in das Dorf öffnet sich nach rechts ein schöner Blick über den Main. Eine Bank lädt zu einer verdienten Rast ein.
Dorfprozelten wird von unserem Weg nur am äußersten Rand berührt. Der Weg wendet sich sogleich nach Nord-Osten, etwa 1 Kilometer auf asphaltierter Straße. Er lenkt am Fuße eines Weinberges mit Neupflanzungen

Bei einer Rast erfahren wir von einem Krötenzaun, den Naturschützer längs der Straße errichtet haben. Auf einer Länge von etwa 20 Meter wurde eine Plastik-Folie im Erdboden verankert. An einem Durchlaß auf halber Länge fallen die Kröten in einen vertieft aufgestellten Eimer. Jeden Morgen werden sie dann über die Straße getragen und in einen Gartenteich gesetzt, den sich die Kröten und Frösche als Ersatz für einen verschmutzten Dorfteich freiwillig gesucht hatten. In dem Gartenteich waren die Kaulquappen der Frösche und Kröten in Laichklumpen oder Laichschnüren schon zu erkennen. Am Morgen hatte

auch ein Graureiher dem Teich einen Besuch abgestattet. Er verschonte die Frösche und machte sich mit einem Fisch davon.

Unser Weg führt jetzt jenseits der Asphaltstraße auf eine Kastanie zu, unter der ein kleines Kapellenhäuschen steht. Das Gelände senkt sich plötzlich, der Weg scheint sich in Brombeergesträuch, Ginsterbüschen und wilden Rosen zu verlieren. Es geht über Heidekrautflächen in einen kleinen Hohlweg, der zum Main hinunter nach Stadtprozelten führt.

Da taucht hinter blühendem Schlehengebüsch auch schon das rote Gemäuer der Henneburg auf. Sie ist eine der größten Burganlagen, die es in Deutschland gibt. Leider ist sie zerstört, doch zum Glück nicht so vollständig wie die Ruine Kollenberg. Ein hoher Bergfried ist zu besteigen und gewährt eine schöne Aussicht über die gesamte Anlage und das Maintal.

Zur Rast eignet sich besser eine bequeme Bank unter einer Linde. Von hier öffnet sich ein herrlicher Blick über die Mainschleife mit dem Ort Faulbach. Zu Füßen liegt eine anmutige Landschaft mit Obstgärten und Feldern. Leider sind dieser liebenswerten alten Kulturlandschaft nicht zu übersehende Wunden geschlagen. Schon die Staustufen des Mains haben viel verändert, aber Kieswerke, Fabrikhallen sowie der Straßenlärm tun ein übriges.

Nachdem wir die Aussicht hinreichend genossen haben, machen wir noch einen Rundgang um die Burg. Die Burghänge auf der Rückseite sind mit verwilderten Obstbäumen bestanden. Dorngestrüpp hat so sehr Besitz von dem ursprünglich terrassierten Gelände ergriffen, daß es kaum noch zu durchdringen ist. Ein blühender Pfirsichbaum erinnert an bessere Zeiten. Hier ist ein idealer Lebensraum für brütende Singvögel, wie Grasmücken, Zaunkönige, Heckenbraunellen und viele Meisen. Hoffentlich kommt nie jemand auf die Idee, hier ›Ordnung schaffen‹ zu müssen.

Nach Stadtprozelten führt die ›Alte Steige‹ hinunter und trifft mitten in der Stadt auf die vielbefahrene Hauptstraße. Der Bahnhof liegt etwas mainabwärts. Von ihm aus besteht Gelegenheit, mit dem Zug oder einem Omnibus nach Fechenbach zurückzufahren.

Informationen für Naturfreunde

Der Naturpark Spessart ist mit rund 200 000 Hektar eines der größten Naturparkgebiete in der Bundesrepublik. 130 700 Hektar gehören zu Unterfranken und damit zu Bayern, während 72 900 Hektar in Hessen liegen.

Naturschutzgebiete

Der Hessische Spessart hat 20 Naturschutzgebiete.

Die 65 Hektar große **Rote Lache von Wolfgang** enthält bestandsgefährdete Arten, wie Wasserfeder, Sumpffarn und Sumpfhaarstrang sowie Baumfalken, Waldschnepfen und Turteltauben.

Ein aufgelassener Zechsteinkalksteinbruch steht mit 32 Hektar in den **Niederrodenbacher Steinbrüchen** unter Schutz.

Schilf und Großseggenrieder des 48,2 Hektar großen **Röhrig von Rodenbach** lassen am Unterlauf der Kinzig Teichrohrsänger, Wasserralle und Bekassine brüten.

Gut 5 Hektar konnte die Natur in der **Tongrube von Meerholz** zurückerobern, in denen verschiedenste Amphibien gute Laichplätze finden.

16 Hektar ist die **Tongrube von Hailer** im Büdingen-Meerholzer Hügelland groß.

Pflanzen der Kalktrockenrasen und die entsprechenden Insekten finden im 6 Hektar großen Gebiet des **Hailerer Sonnenberg** gute Entwicklungsmöglichkeit.

Südöstlich von Bieber wird eines der wenigen lebenden Hochmoore im 14,8 Hektar großen **Wiesbüttmoor** geschützt.

Das Naturschutzgebiet **Lochborn von Bieber** stellt ein 114 Hektar großes reichgegliedertes Tal mit einem naturnahen Bach dar.

Schon 1905 wurden 5,75 Hektar des **Beilstein,** eines Basaltdurchbruchs im Buntsandstein, als schutzwürdig erachtet. Die äußerst seltene Heidewicke, Traubige und Ästige Graslilie kommen noch vor.

Von dem artenarmen Buntsandstein hebt sich der Basaltdurchbruch des 31,73 Hektar umfassenden Gebietes **Hoher Berg bei Lettgenbrunn** ab. Nährstoffreicher Boden läßt einen Bingelkraut-Buchenwald aufkommen.

Im Jossatal erstreckt sich das 13,4 Hektar große Schutzgebiet **Sahlensee bei Mernes.** Seltene Arten wachsen auf einem verlandenden Fischteich.

Die 11 Hektar große **Altholzinsel Gretenberg** ist Lebensstätte von höhlenbrütenden Vogelarten und altholzbewohnenden Insekten.

Steil- und Flachufer sowie sauberes Wasser machen den **Waldweiher bei Bad Soden-Salmünster** zur begehrten Stätte vieler Amphibien und Vögel.

Feucht- und Trockenwiesen wurden in den **Neudorfwiesen von Steinau** in einem Umfang von 27,9 Hektar unter Schutz gestellt. Totales Düngeverbot und zeitliche Regelung des Wiesenschnitts lassen die Orchideen in mehreren Arten gedeihen.

Bedrohte Sumpfvögel, wie Wasserralle, Wachtelkönig und Bekassine bevölkern die **Kirschenwiesen von Marjoß.** Acht der 17 in Hessen nachgewiesenen Amphibienarten wurden in dem nur 5,6 Hektar großen Gebiet festgestellt.

Ebenfalls ein Feuchtgebiet ist das 9 Hektar große Gebiet **Struth von Altengronau.** Das Hochmoor wird von einem Niedermoor umgeben.

Auf einer Muschelkalkscholle inmitten des Sandsteinspessarts fällt im 50 Hektar großen **Weinberg von Neuengronau** die artenreiche Kalkflora auf.

Der **Westerngrund von Neuengronau und Breunings** ist ein 94 Hektar großes Waldbachtal mit Flußperlmuschel und Edelkrebs.

Der **Weiperz-Berg bei Breunings** ist ein 504 Meter hoher Basaltdurchbruch, dessen 21 Orchideenarten erwähnenswert sind.

Zehn Hektar der **Stephanskuppe bei Sterbfritz** stehen unter Schutz.

In Unterfranken gibt es nur vier Naturschutzgebiete.

Der zwei Kilometer südlich von Aschaffenburg liegende **Altenbachgrund** ist etwa 9 Hektar groß.

Zwei Kilometer östlich von Weibersbrunn werden im Naturschutzgebiet **Metzgergraben und Krone** 7,8 Hektar ursprünglicher Eichenbestockung geschützt.

Im **Rohrberg** stehen ungefähr 50 Eichen in einem Alter von 200 bis 600 Jahren.

Im Speckkahlgrund liegt die **Amphibienfreistätte Speckkahl** mit 43,6 Hektar.